Josef Häfele/Hans Stammel

Stundenblätter „Don Carlos“

27 Seiten Beilage

Ernst Klett Verlag für Wissen und Bildung

Reihe: Stundenblätter Deutsch
Herausgeber dieses Heftes: Jürgen Wolff

Folgende Textausgabe ist im Klett Verlag erschienen:
Klett Editionenheft
Friedrich Schiller: Don Carlos. Infant von Spanien. Text mit Materialien, ausgewählt und eingeleitet von Wilhelm Große, Stuttgart 1980, Klett-Nummer 3526

CIP-Titelaufnahme der Deutschen Bibliothek

Häfele, Josef:
Stundenblätter „Don Carlos“ / Josef Häfele; Hans Stammel. –
2. Aufl. – Stuttgart: Klett, Verlag für Wissen und Bildung, 1991
(Reihe: Stundenblätter Deutsch)
ISBN 3-12-927323-9

2. Auflage 1991

Satz: G. Müller, Heilbronn; Wilhelm Röck, Weinsberg
Druck: Wilhelm Röck, Weinsberg
Einbandgestaltung: Zembsch' Werkstatt, München
ISBN 3-12-927323-9

Inhalt

Fachwissenschaftliche Aspekte des *Don Carlos*

„(. . .) und ein Machwerk wie der „Carlos“ ekelte mich nunmehr an (. . .)“. Dies sind keine verärgerten Schülerworte nach unbefriedigenden Unterrichtsstunden. Die Äußerung stammt von Schiller selbst (Schiller an Körner, 4. September 1794), als er, bereits an der Arbeit zum *Wallenstein,* den *Don Carlos* rückblickend und vergleichend beurteilt. Schiller akzeptierte damit etwas verspätet die Kritik der zeitgenössischen Rezeption und die reservierte Aufnahme des Stücks in der literarischen Öffentlichkeit.

Zugleich deutet diese Äußerung auf eine Problematik hin, vor der auch die heutige Interpretation noch steht. Kein anderes Werk von Schiller wird in seiner Gesamtaussage so unterschiedlich interpretiert wie der *Don Carlos.* Bezeichnungen wie *Ideendrama, Menschheitsdrama, Freundschaftsdrama, politisches Drama, Familiendrama* (vgl. Koopmann 1977, S. 57–60) charakterisieren das Spektrum der thematischen Bestimmungen.

Diese Vielfalt der Interpretationen spiegelt im Grunde jedoch nur die uneinheitliche Anlage des Stücks wider. Für diese ist u. a. das Fehlen einer eindeutigen Hauptgestalt bezeichnend. Ebenso gut wie *Don Carlos* könnte das Stück auch *Marquis von Posa* oder *Philipp II.* heißen. Auch gibt es im *Don Carlos* keine Personenbeziehung, aus der heraus sich ein durchgehender Handlungsstrang ergäbe. Die Beziehung von Posa zu Philipp scheint beispielsweise genauso wichtig wie die Beziehung von Posa zu Carlos oder die von Philipp zu Carlos.

So stellt sich notgedrungen die Frage, worin die thematische Einheit des Stücks besteht. Läßt sich vielleicht eine Gestalt in den Mittelpunkt stellen, welcher die anderen unterzuordnen sind? Gibt es nicht doch ein Thema, etwa die Politik, welches das ganze Stück bestimmt? Oder hat man sich damit abzufinden, daß dem *Don Carlos* die Einheit fehlt?

Angesichts dieser Schwierigkeiten findet der Leser nur schwer einen schnellen und verständlichen Zugang zum Stück. Aus diesem Grund wird im folgenden ein kurzer Leitfaden geboten, der die wichtigsten inhaltlichen Aspekte dieser Unterrichtsreihe zum *Don Carlos* erläutert.

Schillers Behandlung des historischen Stoffes

Der *Don Carlos* ist Schillers erstes Geschichtsdrama. Die Abkehr von der reinen Fiktionalität geschah in der Hauptsache aus rezeptionsästhetischen Gründen. Mit einer Bühnenaufführung sollen, wie Schiller in *Die Schaubühne als moralische Anstalt betrachtet* ausführt, dem Zuschauer moralische Lehren erteilt werden. Rein fiktionales Geschehen könnte beim Zuschauer den Eindruck hinterlassen, das Theaterstück gehe am wirklichen Leben vorbei, weil nur Phantasieprodukte des Dichters auf der Bühne stehen. Die Darstellung eines auch von der Geschichtsschreibung behaupteten Zusammenhangs macht die Charaktere glaubwürdiger. Der Dichter kann somit beim Zuschauer eher eine Wirkung in seinem Sinne erreichen. Das Geschichtsdrama wird dadurch aber nicht zum bloßen Abbild historischer Ereignisse. Im *Don Carlos* ging es Schiller nicht primär um die authentische Darstellung Spaniens im 16. Jahrhundert. Seinem

Interesse an der Vergangenheit lag ein Interesse an der eigenen Gegenwart zugrunde, d. h. die zeitgenössischen Zustände mußten in historischen Ereignissen erkennbar werden. Darüber hinaus sah sich Schiller der historischen Wahrheit grundsätzlich nicht streng verpflichtet. Kann er seinen Stoff wirksamer darstellen, wenn er historische Tatsachen etwas abwandelt, dann hat für Schiller die poetische Wahrheit Priorität.

Der *Don Carlos* weicht deutlich von historischen Begebenheiten ab, ohne dabei jedoch den geschichtlichen Rahmen (siehe M 1) zu verlassen. Vor allem die Hauptfiguren hat Schiller poetisch verändert:

– Der historische Carlos war ein launischer, eigenwilliger und kränklicher Jüngling. Durch einen Treppensturz in der Kindheit behielt er bleibende Hirnschäden, die immer wieder exzessive und exzentrische Verhaltensweisen hervorriefen. Verbindungen zur Rebellion in den Niederlanden waren zwar vorhanden, doch nur als Ausdruck seiner Exzentrität und nicht einer politischen Überzeugung. An eine Liebesbeziehung zu seiner Stiefmutter Elisabeth war bei dem historischen Carlos nicht zu denken. Auch starb er eines natürlichen Todes.
– Der literarische Philipp erhält menschliche Konturen. Schiller stellt ihn als Menschen auf dem Königsthron dar, der gleichsam seiner Herrscherrolle unterworfen ist. Den Zwiespalt von Mensch und Rolle gab es beim historischen Philipp in dieser Form jedoch nicht.
– Der Marquis von Posa ist keine historische Gestalt. Mit Hilfe dieser Kunstfigur konnte Schiller Aufklärungsdenken in das Spanien des 16. Jahrhunderts transponieren.

Die Entstehungsgeschichte des *Don Carlos*

Der *Don Carlos* ist während eines vergleichsweise langen Zeitraums entstanden. Erste Konzeptionen begannen im April 1783, die erste Buchfassung erschien im Juni 1787. Im Laufe der Entstehung kam es immer wieder zu Modifikationen des Gesamtplans:

Noch unter dem Einfluß von *Kabale und Liebe* wollte Schiller in ersten Entwürfen (1783/84) ein „Familiengemälde in fürstlichem Hause“ schreiben. Im Mittelpunkt stehen innerfamiliäre Probleme, nämlich die Entzweiung von Vater und Sohn durch die Liebe zur selben Frau, die zum Untergang der Königsfamilie führen.

Im Frühjahr 1785 ließ Schiller den 1. Akt nebst einer Vorrede in der *Rheinischen Thalia* abdrucken. Das Konzept einer Familientragödie – und damit mögliche Analogien zum bürgerlichen Trauerspiel – trat in den Hintergrund. Schiller wollte jetzt eine „hohe Tragödie“ schreiben, also ein Stück, das in Adelskreisen und im Feld der Weltpolitik spielt, sowie im aristotelischen Sinne erschüttern muß. Für dieses Vorhaben erschien ihm nur Philipp und dessen Einsamkeit auf dem absolutistischen Königsthron geeignet. Schiller löste sich von seinen historischen Quellen, die in Philipp ausschließlich den grausamen Despoten sehen, und verlieh dem spanischen König menschliche Züge.

In den Jahren darauf begann Schiller sich intensiv mit Geschichtsstudien zu beschäftigen und kam so mit einer neuen Thematik in Berührung, nämlich dem Problem politischer Freiheit. Am Stoff des *Don Carlos* interessierte ihn nun immer mehr die kritische Darstellung einer Despotie und der Entwurf eines Gegenbildes, einer freiheitlichen, humanen Gesellschaftsordnung. Diese politische Thematik wird mit der Gestalt Posas in Verbindung gebracht, die ab dem 3. Akt das Geschehen im Stück bestimmt. Dadurch ergibt sich nicht nur eine Erweiterung von Handlung und Thematik, sondern es vollzieht sich vor allem eine Wandlung vom Familiengemälde hin zum politischen Drama.

Nachdem Schiller die ersten Akte des *Don Carlos* schon vorab veröffentlicht hatte, war er bei seinen späteren Fassungen trotz einschneidender Neuorientierung zur Beibehaltung dieser Teile gezwungen. Die thematischen Verlagerungen erfolgten deshalb nicht in der Weise, daß ein Thema das andere ersetzt oder in sich aufnimmt. Vielmehr blieben die einzelnen Themenbereiche eher gleichwertig nebeneinander bestehen.

Inhaltliche Schwerpunkte im *Don Carlos*

Die Familienproblematik

Der Kern der Familienproblematik ist auf den ersten Blick die Entzweiung von Vater und Sohn durch die Liebe zur selben Frau. Allerdings ist die Beziehung der beiden auch in anderer Hinsicht belastet: Philipp ist der überlegte und besonnene Staatsmann, Carlos hingegen der stürmische Jüngling; so schließt Philipp Carlos von jeglicher Teilhabe an der Regierung aus. Darüber hinaus empfand Carlos seine Erziehung als knechtisch, in Philipp hat er immer nur den strafenden Vater kennengelernt.

Dementsprechend durchzieht der Vater-Sohn-Konflikt als Handlungsstrang die ersten drei Akte, anscheinend auch das ganze Stück: Trotz aller Gegensätze kommt es im Stück zu einer Annäherung von Vater und Sohn. Carlos sucht in Philipp bewußt den Vater und Menschen, und Philipp scheint dies anzunehmen. Doch die Intrige der Prinzessin von Eboli, Albas und Domingos, die Philipp einreden, zwischen Carlos und Elisabeth bestünde eine Liebesbeziehung, verhindert dies. Am Ende des Stücks sagt sich Carlos vom Vater los, und Philipp übergibt den Sohn der Inquisition.

Weil sich der Vater-Sohn-Konflikt anscheinend von ersten Entwürfen bis zur Endfassung durchzieht, wurde in der Fachwissenschaft die Auffassung vertreten, der *Don Carlos* müsse als Familientragödie interpretiert werden: „Am Ende opfert Philipp seinen Sohn, den er bei der Königin findet, der Inquisition, und die Familientragödie kommt zum tödlichen Ende. Sie schließt mit dem vollkommenen Untergang dieser Königsfamilie, dem Abbruch der Generationenkette, dem Sieg des Alters über die Jugend, dem des Vaters über den Sohn: die natürlichen Verhältnisse sind umgekehrt, in jeder Hinsicht“ (Koopmann 1979, S. 102).

Eine solche Interpretation übersieht allerdings, daß sich die Katastrophe zwischen Vater und Sohn erst durch das Hinzutreten Posas und den damit einsetzenden politischen Konflikt ergibt. Wenn Carlos sich am Ende vom Vater lossagt, dann ist das nicht die Konsequenz des von Anfang an bestehenden Streites (Carlos erscheint in den Augen des Vaters gerade zu diesem Zeitpunkt voll rehabilitiert). Vielmehr ist es eine Reaktion auf die Ermordung Posas, die auch ohne vorausgegangenen Vater-Sohn-Konflikt erklärbar ist. Und wenn Philipp am Ende seinen Sohn der Inquisition übergibt, dann einerseits wegen dessen politischen Hochverrats, zum anderen aus Rache an Posa, der Philipp menschlich betrogen und Carlos zur Verwirklichung seiner revolutionären Pläne ausersehen hatte. Daß die Rache den eigenen Sohn trifft, ist im Grunde sekundär.

Somit kann der Vater-Sohn-Konflikt allenfalls in den ersten drei Akten das beherrschende Thema im *Don Carlos* sein. Zu sehr ist am Ende des Stücks die Person Posas in den Vordergrund gerückt.

Philipps menschliche Problematik

Gegen die einseitige Auslegung des *Don Carlos* als Familientragödie spricht auch Schillers Auffassung, das Stück sei ausgehend von der Gestalt Philipps zu interpretieren. So heißt es während einer Entstehungsphase des Werks, nämlich in der Vorrede zum Abdruck des 1. Aktes: „Wenn dieses Trauerspiel schmelzen soll, so muß es – wie mich deucht – durch die Situation und den Charakter König Philipps geschehen. Auf der Wendung, die man diesem gibt, ruht vielleicht das ganze Gewicht der Tragödie." Die Endfassung „schmilzt" zwar nicht mehr durch den „Charakter König Philipps", doch für die ersten drei Akte mag dies zutreffend sein: Sie zeigen, wie Philipp mit seiner Königsrolle nicht mehr zurechtkommt.
Schiller stellt Philipp als individuelles, empfindendes Wesen auf dem Königsthron dar. Als absolutistischer Herrscher von Gottes Gnaden wirkt das spanische Oberhaupt für seine Untertanen nur glaubhaft, wenn es zu ihnen Distanz hält. Erhabenheit und Würde auf dem Königsthron bedeuten zugleich menschliche Vereinsamung. Jahrelang kam Philipp mit dieser Königsrolle zurecht, doch durch die Zweifel an der Treue seiner Frau verliert er sein seelisches Gleichgewicht. Bei seiner Suche nach Klarheit wird ihm der volle Umfang seiner menschlichen Isolation bewußt. Er muß schmerzhaft erfahren, daß er nur von buhlenden und intriganten Höflingen umgeben ist, die ihn für ihre machtpolitischen Zwecke mißbrauchen wollen und in seiner menschlichen Not allein lassen. Er stößt auf Posa und vermutet in diesem einen aufrichtigen Menschen, weil er anscheinend alle die Charaktereigenschaften besitzt, die seine Höflinge nicht haben.
Ab dem 4. Akt kann das Geschehen im *Don Carlos* aber weder über die Familienproblematik noch über Philipps menschliche Problematik interpretiert werden: Es zeigt sich jeweils, daß eine andere Gestalt, nämlich der Marquis von Posa in den Mittelpunkt rückt.

Der politische Gehalt

Indem Posa in den Mittelpunkt des Geschehens rückt, wird im *Don Carlos* die politische Thematik vorherrschend. Posa tritt nämlich in erster Linie als Repräsentant politischer Ideen auf. Seine Handlungen sind unter Ausschaltung individueller Wünsche höheren Zielen untergeordnet. Vor allem geht es ihm um die politische Befreiung der Niederlande, ja des ganzen Spanien. Sein Denken ist auf den Entwurf einer neuen, utopischen Gesellschaftsordnung ausgerichtet, einer Gesellschaftsordnung, die auf Menschenwürde und Menschenglück basiert.
Mit Posa, der einzig fiktiven Gestalt im Stück, bringt Schiller politische Vorstellungen der Aufklärung auf einer deutschen Bühne des ausgehenden 18. Jahrhunderts zu Gehör. Seine damit verbundenen Absichten liegen anscheinend offen: Die Aufklärung hat der Französischen Revolution den Weg bereitet. Es mußte somit brisant erscheinen, daß Schiller am Vorabend dieser bürgerlichen Revolution den Aufklärer Posa offen über den Umsturz eines despotischen Systems nachdenken läßt. Schiller geht es mit dem *Don Carlos* auch um die Kritik am deutschen Feudalismus – aber nicht um die Unterstützung einer Revolution wie in Frankreich. Schiller ist kein politischer Revolutionär. Sein Ideal ist eine gemäßigte Staatsform, etwa eine konstitutionelle Monarchie.

Daß Posa während der Entstehung des *Don Carlos* in den Mittelpunkt rückte, hat in der Fachwissenschaft zur Auffassung geführt, daß Stück müsse in der Hauptsache über das Politische interpretiert werden. Gegen eine Familientragödie spreche „das starke Gewicht, das das politische Motiv durch die wachsende Bedeutung der Posa-Gestalt im Laufe der dramatischen Entwicklung gewonnen hat" (Scholz 1982, S. 26).
Doch die Auffassung, das Stück sei durch die wachsende Bedeutung der Gestalt Posas ein politisches Drama, ist irreführend. Sowohl die Familienproblematik als auch Philipps menschliche Problematik haben nach wie vor einen entscheidenden Stellenwert. Hinzu kommt, daß Posa im Stück nicht nur die Rolle des Repräsentanten politischer Ideale einnimmt. Von gleich wichtiger Bedeutung für ein Verständnis des Werks ist sein Verhältnis zu Philipp und Carlos. Zwar ist für ihn die Beziehung zu beiden politischen Zielsetzungen untergeordnet, doch Philipp und Carlos sehen diese Beziehung als unpolitisch und von persönlicher Natur: Philipp glaubt, in Posa einen aufrichtigen Menschen gefunden zu haben, und Carlos vermutet in Posa den Freund. Ihre Handlungen können somit nicht nach politischen Motiven erklärt werden. Gerade in der Beziehung Posas zu Philipp und Carlos wird deutlich, daß über das Politische nur ein Teilaspekt des Dramas erfaßt wird.

Philipps menschliche Katastrophe

Mit der Gestalt Posas konnte Schiller – wie ursprünglich geplant – Philipps menschliche Problematik auf erschütternde Weise enden lassen, nämlich in der persönlichen Katastrophe, d. h. in der Vernichtung alles Menschlichen im Despoten.
Wider jede Vernunft macht Philipp Posa zu seinem Vertrauten und stattet ihn mit allen erdenklichen Vollmachten aus, obwohl ihm dessen politisches Denken bekannt ist. Posa handelt dann als Idealist, der in erster Linie seine politischen Ziele verfolgt: Er benutzt den König für seine eigenen Zwecke. Als Philipp dies erfährt, weint er. Aus dem Gefühl tiefer Enttäuschung heraus weicht in ihm alles Menschliche dem nun noch grausameren Despoten.
Philipps menschliche Problematik und seine persönliche Katastrophe in der Beziehung zu Posa sind im Grunde zwei getrennte Themenbereiche des *Don Carlos*. Philipps seelische Not entsteht durch die Zweifel an der Treue seiner Frau. Hinzu kommt die Erfahrung, niemanden an seinem Hof zu finden, der ihm Klarheit verschafft. Die Vernichtung alles Menschlichen in ihm geht aber nicht auf die Bestätigung seiner Zweifel zurück. Allein die Enttäuschung über den Betrug des Menschen, dem er erstmals sein ganzes Vertrauen schenkte, ist dafür verantwortlich.

Die Freundschaftsproblematik

In einer zeitgenössischen Rezension wird die Freundschaft von Posa und Carlos als Kern des Dramas gesehen. Danach ist Posa „ein Ideal von Freund, wie noch wenig auf der Bühne erschienen sind" (zit. nach Pörnbacher 1982, S. 175f.). Auch in der heutigen Fachwissenschaft ist die Auffassung zu finden, der *Don Carlos* sei als Tragödie der Freundschaft zu verstehen (vgl. Gerhard 1950).
Bereits Schiller macht jedoch im 3. Brief über *Don Carlos* deutlich, daß das Stück nicht als Freundschaftsdrama verstanden werden kann: „Sie wollten neulich im *Don Carlos* den Beweis gefunden haben, daß leidenschaftliche Freundschaft ein ebenso rührender Gegenstand für die Tragödie sein könnte als leidenschaftliche Lie-

be ... Also auch Sie nehmen es, wie die meisten meiner Leser, als ausgemacht an, daß es schwärmerische Freundschaft gewesen, was ich mir in dem Verhältnis von Carlos und Marquis Posa zum Ziel gesetzt habe? ... Wie aber, lieber Freund, wenn Sie mir mit dieser Freundschaft wirklich zuviel getan hätten? Wenn es aus dem ganzen Zusammenhang deutlich erhellte, daß sie dieses nicht gewesen und auch schlechterdings nicht sein konnte."

Daß Posa sein Freund ist, glaubt allein Carlos. Während ihrer Schulzeit entwikkeln sie gemeinsam ihre politischen Utopien und scheinen sich so auf gleicher Ebene zu begegnen. Auch verschafft ihm Posa neben anderen Freundschaftsbezeigungen Möglichkeiten, die geliebte Elisabeth heimlich zu treffen. Für Carlos bestehen so am Ende auch keine Zweifel, daß Posa für ihn gestorben ist, um ihn vom Verdacht einer Liebesbeziehung zu Elisabeth zu entlasten. Nach dem Tode Posas fühlt sich Carlos dem Ideal der Freundschaft verpflichtet, und er ist bereit, die politischen Ziele Posas auszuführen. Er sagt sich vom Vater los, der den Freund getötet hat, und macht sich von persönlichen Wünschen frei.

Doch für Posa ist die Freundschaft zu Carlos seinen politischen Zielen untergeordnet. Er glaubt, über den ihm seit Kindheit bekannten Thronfolger die angestrebten politischen Veränderungen erreichen zu können. Wäre diese Voraussetzung nicht gegeben gewesen, hätte sich Posa immer gegen Carlos und für seine politischen Ideale entschieden.

Die mögliche Freundschaft von Posa und Carlos ist somit nur ein – allerdings problematischer – Aspekt des Dramas, macht aber nicht dessen Gehalt allein aus.

Die Frage nach der thematischen Einheit

Angesichts der Verschiedenheit an Themen im *Don Carlos* stellt sich die Frage, worin die Einheit des Stücks besteht. Das Spektrum der thematischen Bestimmungen umfaßt in der älteren Germanistik Bezeichnungen wie *Ideendrama, Freundschaftsdrama* oder *Menschheitsdrama* (vgl. Koopmann 1977, S. 58f.). In neuerer Zeit hat Böckmann mit einer Reihe von Arbeiten (1955; 1974; 1982) einen anderen Ansatz versucht, nämlich nicht von irgendeiner thematischen Einheit auszugehen: Stattdessen müsse das Drama aus dem Wechselbezug zwischen den Charakteren und ihrer geschichtlichen Situation heraus gedeutet werden (1974, S. 379ff.). Von anderer Seite wurde ihm jedoch vorgeworfen, sein Interpretationsansatz laufe auf die „Binsenwahrheit hinaus, daß die Charaktere ebenso von ihrer Umgebung her konturiert werden, wie sie ihrerseits diese beeinflussen" (Koopmann 1979, S. 89 und 1982, S. 81–86). In der aktuelleren Diskussion befinden sich im Augenblick nur noch zwei Interpretationsansätze: Die Deutung des *Don Carlos* als Familientragödie (Koopmann 1979) und als politisches Drama (Jöns 1977, Scholz 1982).

Beide Interpretationsansätze schlagen nach unserer Auffassung fehl. Jeder dieser Vereinheitlichungsversuche läuft darauf hinaus, einen Aspekt zu verabsolutieren. Die Interpretation des *Don Carlos* als Familiendrama läßt etwa die beherrschende Rolle des Marquis von Posa oder die persönliche Katastrophe Philipps, die nicht familiär bedingt ist, außer acht. Aber auch durch die politische Thematik läßt sich das Stück nicht übergreifend erfassen. Ein politisches Drama benötigt nicht den Vater-Sohn-Konflikt oder das Thema der Freundschaft.

Kurz nach Erscheinen des *Don Carlos* hat

Dalberg die „verfehlte Einheit“ und „die Unverständlichkeit des Plans“ (vgl. Schiller an Körner, 25. April 1788) kritisiert. Im Grunde hat er trotz aller Interpretationsansätze in der Germanistik Recht behalten.

Während der Entstehung des *Don Carlos* befand sich Schillers Denken in einem Umbruch. Im 1. Brief über *Don Carlos* weist er selbst darauf hin: „Das Stück ist mir fremder geworden, ich finde mich jetzt gleichsam in der Mitte zwischen dem Künstler und seinem Betrachter ... Während der Zeit nämlich, daß ich es ausarbeitete, welches mancher Unterbrechungen wegen eine ziemlich lange Zeit war, hat sich – in mir selbst vieles verändert.“ Aus dem Dichter des Sturm und Drang beginnt der Dichter der Klassik zu werden. Der *Don Carlos* ist ein Werk der Übergangszeit mit einer uneinheitlichen Konzeption. Nur in diesem Sinne läßt sich das Stück adäquat interpretieren und verstehen. So läßt sich etwa über den *Don Carlos* nur sagen, daß er unter anderem am Beispiel Spaniens ein totalitäres System kritisiert und eine neue politische und soziale Ordnung entwirft. Und nur unter anderem läßt sich behaupten, Schiller habe mit dem *Don Carlos* eine Familientragödie schreiben wollen.

Die Interpretation des *Don Carlos* als eines in sich nicht völlig geschlossenen Werkes der Übergangszeit erscheint deshalb plausibler als gewaltsame Versuche, eine einheitliche Thematik in das Stück hineinzuinterpretieren. Interpretieren heißt auch, fehlende Strukturen zu erkennen und anzusprechen. Dies kann für das Verständnis des *Don Carlos* allemal ein Erkenntnisgewinn sein.

Der *Don Carlos* als Tragödie

Schiller hat den *Don Carlos* ein dramatisches Gedicht genannt. Insgeheim – Briefe und die Vorrede zum Abdruck des ersten Aktes in der *Rheinischen Thalia* bestätigen dies – war er aber der Überzeugung, er schreibe eine Tragödie. Die Wendung *dramatisches Gedicht* ist nur eine Vorsichtsmaßnahme, der Kritik (vor allem von Wieland) zu entgehen, der *Don Carlos* entspreche in der Konzeption nicht den Regeln der klassischen französischen und antiken Tragödie.

Auch die Fachwissenschaft begreift den *Don Carlos* übereinstimmend als Tragödie. Welcher Art diese Tragödie ist, wird allerdings genauso unterschiedlich beantwortet wie die Frage nach der Einheit des Stücks. So sei der *Don Carlos* eine Tragödie der Freundschaft und des Vertrauens, eine Politische Tragödie oder eine Familientragödie.

Diese Meinungsvielfalt in der Fachwissenschaft geht wohl auf einen nicht abgeklärten Sprachgebrauch von *tragisch* und *Tragödie* zurück. Für eine definitorische Klärung erscheint uns sinnvoll, der Frage nachzugehen, was im Zeitalter Schillers unter *tragisch* verstanden wurde. Da Schiller mit einer Reihe von Schriften bedeutender Theoretiker der Tragödie ist, kann er selbst als Grundlage herangezogen werden.

Für Schiller ist ein Mensch tragisch, wenn er sich in einem unauflösbaren Konflikt zwischen Neigung und Pflicht (oder zwischen zwei Pflichten) befindet. Als geistig-moralisches Wesen muß sich der tragische Held über seine Neigung, also seine persönlichen Interessen hinwegsetzen und die allgemeine Pflicht erfüllen, auch wenn ihm dies große Leiden zufügt. Das Drama als Ganzes kann nur eine Tragödie sein, wenn zumindest eine der Hauptfiguren tragisch ist. Bei der Anwendung von

Schillers Kriterien auf die Figuren des *Don Carlos* ergibt sich aber das verblüffende Resultat, daß keine der Gestalten ohne Abstriche tragisch ist, so daß das Stück keine irgendwie geartete Tragödie sein kann.
Verblüffen muß dieses Resultat allerdings nur, wenn man den *Don Carlos* als reifes und fertiges Werk ansieht. Bedenkt man dagegen, daß er in einer Phase des Übergangs entstanden ist, wird ohne weiteres plausibel, daß auch die Konzeption tragischer Gestalten unfertig war. Erst Anfang der neunziger Jahre wird sich Schiller in seinen dramaturgischen Schriften klar darüber, welche Bedingungen für die Tragik einer literarischen Gestalt erfüllt werden müssen. Wendet man Schillers Theorie des Tragischen auf seine klassischen Dramen an, erweist sich diese als fruchtbar.

Die Elemente des Sturm und Drang und der Klassik im *Don Carlos*

Der Übergangscharakter des *Don Carlos* zeigt sich an anderer Stelle noch deutlicher: Das Werk enthält sowohl Elemente der Klassik als auch des Sturm und Drang. Es kann somit nicht eindeutig einer bestimmten Epoche zugeordnet werden.
Schon die Wahl des Schauplatzes deutet auf eine Abkehr von der Sturm-und-Drang-Dichtung hin: Der spanische Hof mit seiner Etikette und seinem geregelten Leben ist kaum der passende Ort für verbale Ausbrüche von Kraftburschen und wilden Schwärmern. Auch ist der *Don Carlos* Schillers erstes Werk in Jamben – und damit eine Absage an die prosaische Sprache des Sturm und Drang.
Am deutlichsten wird die Zwischenstellung des Stücks in der Charakterisierung Elisabeths und Carlos'. Carlos ist eine Sturm-und-Drang-Gestalt. Schiller macht deutlich, daß sie unter dem Einfluß dieser Epoche entstanden ist: „Karlos hat, wenn ich mich des Maases bedienen darf, von Shakespears Hamlet die Seele – Blut und Nerven von Leisewiz Julius“ (Schiller an Reinwald, 14. April 1783). Mit anderen Sturm-und-Drang-Gestalten hat Carlos gemeinsam, daß er am Anfang des Stücks nur sich selbst kennt: Ziel seines Handelns ist allein die Verwirklichung persönlicher Ansprüche. Als Gegenpol dazu erscheint Elisabeth, die bereits Merkmale des klassischen Menschen- und Frauenbildes enthält. Bei ihr findet sich eine Harmonie des Charakters, die den Dualismus von Geist und Sinnlichkeit in der Schönheit und Anmut überwindet. Um moralisch zu handeln, muß sie nicht ihre Sinnlichkeit unterdrücken (wie etwa die Prinzessin von Eboli). Jede Handlung erscheint als Handlung des Gefühls und genügt doch den Ansprüchen einer geistigen Moralität. Elisabeth wird somit bereits nach den Prinzipien der klassischen Ästhetik, die Schiller Anfang der 90er Jahre ausarbeitet, gestaltet.
Elisabeth läßt sich mit der Iphigenie in Goethes Drama *Iphigenie auf Tauris,* welche ebenfalls im Jahre 1787 erschienen ist, vergleichen. Iphigenie steht als Frauengestalt für die reine Menschlichkeit, für die Übereinstimmung von Pflicht und Neigung. Die schöne Seele der Iphigenie hat ihre Parallele in Elisabeth.
Im Vergleich mit der Iphigenie zeigt sich aber, daß die Konzeption der Elisabeth noch nicht genügend reflektiert ist. Sie entspricht nicht vollends Schillers späteren und den von Goethe gesetzten Maßstäben einer klassischen Frauengestalt. Elisabeth verstößt in einem Punkt gegen das Ideal der Anmut und Menschlichkeit: Indem sie Posas politische Pläne unterstützt, hintergeht sie den Gatten, Iphigenie hingegen erzählt Thoas von der Flucht des Bru-

ders, d. h. sie gehorcht in jeder Situation dem Ideal eines aufrichtigen Menschen. Schiller ist mit dem *Don Carlos* noch weit davon entfernt, klassischer Dichter zu sein. Doch während der Entstehung des Werks hört er bereits auf, ausschließlich unter dem Einfluß des Sturm und Drang zu schreiben. Aus diesem Grund ist vielleicht der *Don Carlos* Schillers schwierigstes Werk.

Aufbau und methodisch-didaktische Konzeption dieser Stundenblätter

Der *Don Carlos* ist kein Stück aus einem Guß. In den Jahren der Entstehung des Werks hat Schiller seine Konzeption mehrmals verändert. Diese Entstehungsgeschichte schlägt sich nicht nur in dem Nebeneinander verschiedener Themen im Stück nieder, sondern auch in einer Unübersichtlichkeit und teilweisen Unstimmigkeit des Handlungsablaufs.

So erscheint es kaum erfolgversprechend, den Schülern das Werk zur selbständigen häuslichen Lektüre ohne Hilfestellung zu überlassen. Der erste Teil der Unterrichtsreihe dient deshalb der Einführung in den Text und der Begleitung der Lektüre während der ersten drei Akte (Stunden 1 – 6). Ab dem 4. Akt wird der Text von den Schülern eigenständig gelesen. Zu Beginn der Unterrichtseinheit werden absichtlich noch keine Kenntnisse über das Werk und den Text vorausgesetzt. In der ersten Doppelstunde erfolgt zur Vorbereitung der Lektüre eine Einführung in den historischen Stoff. Es erscheint unumgänglich, den Schülern Kenntnisse über die Zeit, in der das Drama spielt, zu vermitteln. Zudem soll spielerisches Ausprobieren, welche Handlungsverläufe und Dramatisierungsmöglichkeiten aus dem historischen *Don-Carlos*-Stoff zu gewinnen sind, auf Schillers tatsächliche Behandlung gespannt machen.

Angesichts der Verständnisschwierigkeiten, die erfahrungsgemäß schon die bloße Handlung aufwirft, müssen im Unterricht zuerst einmal die Handlungszusammenhänge in ihrer Komplexität erfaßbar gemacht und die Textkenntnisse gesichert werden. Dies geschieht in der Weise, daß die Beziehungen der Hauptfiguren zueinander in ihrer Anlage und Entwicklung rekonstruiert werden. In den Stunden 3 – 6, welche die Lektüre begleiten, wird zur Einführung in die Handlung die Person des Königs Philipp in den Vordergrund gestellt. Es bietet sich aus mehreren Gründen an, mit Philipp zu beginnen: Philipps menschliche Problematik ist – neben der Familienproblematik – wichtigstes Thema der ersten drei Akte. Zudem bieten die persönlichen Schwierigkeiten des mächtigsten Mannes der Welt einen besonderen Anreiz, sich mit dem Stück zu beschäftigen: Die Frage nach möglichen Ursachen gibt der anfänglichen Lektüre eine erste Orientierung (3./4. Stunde). Ausgehend von Philipp wird dann zum zweiten wichtigen Themenbereich der ersten drei Akte, nämlich dem Vater-Sohn-Konflikt, übergeleitet (5./6. Stunde).

Nach dieser lesebegleitenden Phase ist den Schülern vom 4. Akt an selbständiges Lesen zuzumuten. Im zweiten Teil der Unterrichtsreihe (7.–13. Stunde) wird deshalb die vollständige Kenntnis des Textes vorausgesetzt. Die Rekonstruktion des Handlungszusammenhanges bzw. der Beziehungen der Hauptfiguren wird abgeschlossen und zunehmend mit interpretatorischen Fragen verknüpft. Da Posa ab dem 4. Akt das Geschehen bestimmt, rückt im zweiten Teil zwangsläufig diese Figur und die mit ihr verbundene politische Thematik in den Mittelpunkt. Eine genaue Untersuchung seiner politischen Ideen weist Posa als Vertreter aufklärerischer Positionen aus, welche die politische Aussage des Stücks wesentlich bestimmen (7./8. Stunde).

Posa hat im Stück aber nicht nur die Funktion, das politische Denken der Aufklärung zu vertreten. Vor allem in seiner Beziehung zu Philipp und Carlos nimmt er auch entscheidenden Einfluß auf das Handlungsgeschehen. Demgemäß ist das Hauptthema der 9.–12. Stunde, wie Posa als politischer Idealist bei der konsequenten Verwirklichung seiner Pläne das Vertrauen bzw. die Freundschaft von Philipp und Carlos benutzt. Dabei ist nicht nur die Ursache für die „Tragik" Philipps sowie die Qualität der Beziehung von Carlos und Posa zu thematisieren, sondern auch – ausgehend von der Gestalt Posas – die Frage zu diskutieren, inwieweit humane Ziele den Einsatz unredlicher Mittel rechtfertigen können.

Zum Abschluß der werkimmanenten Analyse wird die historische Inquisition und ihre Darstellung im *Don Carlos* untersucht. Mit dem Auftritt des Großinquisitors legt sich diese kirchliche Einrichtung wie ein Schatten über das ganze Stück. Es zeigt sich, daß die bis dahin vermutete Handlungsfreiheit der einzelnen Gestalten nur scheinbar ist und alle Hauptakteure im ausgelegten Netz der Inquisition gefangen sind (13. Stunde).

Der dritte und letzte Teil der Unterrichtsreihe gilt verschiedenen Schwerpunktthemen, innerhalb deren verstärkt literaturwissenschaftliche Fragestellungen zum Tragen kommen. Untersucht wird, ob der *Don Carlos* mit Recht als Tragödie bezeichnet werden kann. Dabei wird das Stück mit Schillers eigenen Bestimmungen des Tragischen konfrontiert (14./15. Stunde).

Wie bei keinem anderen Werk Schillers stellt sich beim *Don Carlos* die Frage nach der epochenmäßigen Einordnung. Zu ihrer Beantwortung wird in der 16./17. Stunde das jeweils Charakteristische des Sturm und Drang sowie der Klassik herausgearbeitet. Auf dieser Grundlage lassen sich dann an verschiedenen Gestalten des Stücks Elemente von Sturm und Drang wie auch schon der Klassik nachweisen.

Sowohl bei der Diskussion der Gattungsproblematik wie auch bei der Frage nach der Epochenzuordnung sollen die Schüler nicht mit fertigen Positionen der Fachwissenschaft konfrontiert werden und deren innere Stimmigkeit oder Unstimmigkeit lediglich nachvollziehen. Vielmehr werden ihnen Materialien angeboten, mit deren Hilfe sie selbständig die Kriterien für *Tragödie, Sturm und Drang* oder *Klassik* bestimmen können, um auf dieser Grundlage zu eigenen Urteilen über das Werk zu gelangen.

Abschließend wird in der 18. Stunde die beim *Don Carlos* naheliegende Frage nach dem eigentlichen Thema des Stücks gestellt. Es ergibt sich, daß mehrere Themen gleichwertig nebeneinander stehen, was nur aus der besonderen Entstehungsgeschichte des Werkes zu erklären ist. So zeigt sich der *Don Carlos* auch in seiner thematischen Uneinheitlichkeit als ein Werk der Übergangszeit.

Einsatz und Verwendung der Stundenblätter

Das Heft soll für den Lehrer ohne längere theoretische Einarbeitung benutzbar sein. Aus diesem Grund will die Darstellung wissenschaftlicher Grundlagen zwar umfassend informieren, sich zugleich aber auf das für den Unterricht Nötigste beschränken. Eine Bibliographie gibt dem Interessierten Hinweise für eine ergänzende und weiterführende Lektüre.

Die fachwissenschaftlichen Sachinformationen wurden unmittelbar vor die Beschreibung der Einzelstunden gestellt. Auf diese Weise ist der Lehrer nicht gezwungen, sich zuerst theoretische Grundlagen zu erarbeiten, deren Anwendung

und didaktische Umsetzung ihm erst weiter hinten bei der Beschreibung der Einzelstunden deutlich werden.
Bei der Darstellung der Einzelstunden haben wir uns vor allem bemüht, die Ergebnisse der einzelnen Unterrichtsschritte ausführlich zu dokumentieren. Überschneidungen mit dem fachwissenschaftlichen Teil sind zwangsläufig und im Grunde auch beabsichtigt. Diese Redundanz verhindert zeitraubendes Zurückblättern und mögliche Unklarheiten über die didaktische Umsetzung fachwissenschaftlicher Vorgaben.
Darüber hinaus enthält das Heft eine Reihe von Klausurvorschlägen, die eventuell auch als Wiederholungsphasen eingesetzt werden können. Auf einen Erwartungshorizont wurde verzichtet: Die Themenstellung orientiert sich an einer erörternden oder immanente Wiedergabe einzelner Stunden, und die jeweiligen Resultate können leicht in den entsprechenden Abschnitten des Heftes nachgelesen werden.
Wichtig erscheint uns der abschließende Hinweis, daß einzelne Themen der Unterrichtsreihe auch für andere Zwecke verwendbar sind. Beispielweise kann M 4 für eine Einführung in die Aufklärung herangezogen werden; gleiches gilt für den Sturm und Drang mit Hilfe von M 14. Der Nutzen von Schillers Tragödientheorie (M 9 und M 10) sowie der Anwendung auf seine klassischen Dramen (M 11, M 12 und M 13) liegt auf der Hand. Naheliegend ist auch, eine Reihe von Materialien (M 15 und M 16) für eine Interpretation von Goethes *Ipigenie auf Tauris* heranzuziehen: Gerade Iphigenie entspricht in hohem Maße den dort dargestellten Prinzipien der klassischen Ästhetik.

Darstellung der Einzelstunden

1./2. Stunde: Der historische Stoff des *Don Carlos*

Sachanalyse

Der *Don Carlos* ist Schillers erstes Geschichtsdrama. Zwar beruhte auch schon die *Verschwörung des Fiesco zu Genua (1783)* auf einem historischen Stoff, doch der äußerst freie Umgang mit der geschichtlichen Wahrheit läßt den *Fiesco* eher als fiktionales Werk erscheinen (vgl. Wertheim 1958, S. 192f.). Erst während der Entstehung des *Don Carlos* begann Schiller sich intensiv mit Geschichtsstudien zu beschäftigen: „Täglich wird mir die Geschichte teurer ... Ich wollte, daß ich zehen Jahre hintereinander nicht als Geschichte studiert hätte. Ich glaube, ich würde ein ganz anderer Kerl sein" (Schiller an Körner, 15. 4. 1786).

Mit dem *Don Carlos* erfolgte die eigentliche Abkehr von der reinen Fiktionalität. Sie geschah vor allem im Hinblick auf die erwünschte dramatische Wirkung. Der frühe Schiller strebte bei seinem Publikum zuvorderst einen moralischen Effekt an, wie er in seinen Schriften *Über das gegenwärtige teutsche Theater (1782)* und *Die Schaubühne als moralische Anstalt betrachtet (1784)* darlegt. Dabei gilt es, zur Verbesserung der Sitten beizutragen und Verbrechen und Laster anzuklagen. Die Bühne stellt in abschreckender Form die Verirrungen der menschlichen Seele dar und will so neben der Religion zur Hebung der Moral beitragen (vgl. Ueding 1971, S. 148). Die gewünschten moralischen Effekte sind jedoch mit einem historischen Stoff leichter zu erreichen. Historische Ereignisse und Charaktere besitzen nämlich durch die Autorität der Geschichtsschreibung im Vergleich zu erfundenen Stoffen eine erhöhte Glaubwürdigkeit und wirken deshalb auf den Zuschauer überzeugender. Die Greueltaten eines historischen Tyrannen, die im Theater gebrandmarkt werden, kann er nicht mit der Bemerkung abtun, so etwas geschehe nicht im wirklichen Leben (vgl. Ueding 1971, S. 173f.).

Wie Schiller in seiner Schrift *Was heißt und zu welchem Ende studiert man Universalgeschichte (1789)* deutlich macht, ist aber der Dichter wie auch der Historiker nicht an einer bloß wertfreien Beschreibung der Vergangenheit interessiert; in den vergangenen Ereignissen sollten vielmehr bedeutsame Gegenwartsbezüge erkennbar werden: „Aus der ganzen Summe dieser Begebenheiten hebt die Universalgeschichte diejenigen heraus, welche auf die heutige Gestalt der Welt und den Zustand der jetzt lebenden Generation einen wesentlichen, unwidersprechlichen und leicht zu verfolgenden Einfluß gehabt haben. Das Verhältnis eines historischen Datums zu der heutigen Weltverfassung ist es also, worauf gesehen werden muß, um Materialien für die Weltgeschichte zu sammeln."

Gerade in diesem Sinne fand Schiller Interesse am historischen Stoff des *Don Carlos*. Durch das Beispiel des despotischen Spaniens der Inquisition hindurch konnte nämlich auch eine Kritik am zeitgenössischen deutschen Absolutismus erfolgen. So schreibt Schiller zu Beginn seiner Arbeit am *Don Carlos:* „Außerdem will ich es mir in diesem Schauspiel zur Pflicht machen in Darstellung der Inquisi-

M 1

Die geschichtlichen Grundlagen des *Don Carlos*

Schillers Don Carlos *spielt im Spanien Philipps II. (1556–1598). Die wichtigsten Figuren hat Schiller aus der Historie übernommen, so den König Philipp, seine Frau Elisabeth und seinen Sohn Carlos aus erster Ehe. Schiller hat diese Personen für seine Zwecke allerdings in manchen Einzelheiten verändert und auch Personen, die historisch nicht verbürgt sind, hinzugefügt. Für ein angemessenes Verständnis seines* Don Carlos *hielt Schiller selbst Kenntnisse über die Zeit, in der sein Stück spielt, für wertvoll.*

Spanien erreichte unter der Regierung Philipps II. als Großmacht eine Blütezeit. An Macht, Reichtum und Ansehen besaß es eine Vormachtstellung in der politischen Welt des 16. Jahrhunderts. Philipp herrschte über Spanien, Sizilien, Mailand, Burgund, die Niederlande und die amerikanischen Kolonien (Mexico, Peru). Zu Deutschland und Frankreich bestanden im großen und ganzen freundschaftliche Beziehungen.

Philipp war mehrmals verheiratet. Seine erste Gemahlin, Maria von Portugal, starb 1545 bei der Geburt ihres Sohnes Carlos. Als dritte Frau, nachdem seine zweite ein Jahr zuvor gestorben war, nahm Philipp 1559 Elisabeth von Valois, die Tochter des französischen Königs Heinrich II. Elisabeth war zuvor mit Carlos aus Gründen der Staatsraison, d. h. zur Festigung guter Beziehungen zwischen Frankreich und Spanien verlobt. Philipp führte mit Elisabeth nach den Maßstäben der damaligen Zeit und seiner Position eine normale und glückliche Ehe und hatte mit ihr zwei Töchter.

Carlos war ein launischer, eigenwilliger und kränkelnder Jüngling. Durch einen Treppensturz hatte er sich als Kind bleibende Hirnschäden zugezogen, die immer wieder unkontrollierte Verhaltensweisen hervorriefen. Beispielsweise wollte er in die Niederlande entfliehen, um sich dem dortigen Aufstand gegen die spanische Krone anzuschließen. So sah Philipp sich gezwungen, seinen Sohn von der Außenwelt streng abgeschirmt zu verbergen.

Im Jahre 1568 starben Carlos und Elisabeth; Carlos am 24. Januar, Elisabeth am 3. Oktober. Beide starben eines natürlichen Todes, doch nach dem Tode von Carlos wurden Gerüchte laut, Philipp habe seinen Sohn wegen revolutionärer Umtriebe enthaupten lassen. Der Tod Elisabeths gab den Gerüchten neue Nahrung: Sie sei aus Gram über das Ableben von Carlos, zu dem sie eine verbotene Liebesbeziehung unterhalten habe, gestorben.

Philipp war ein despotischer Herrscher. Alle politischen Entscheidungen wurden von ihm allein getroffen, ohne Rücksichtnahme auf die Granden, den Adel Spaniens. Spanien war streng katholisch, die Frömmigkeit fest im Volke verankert. Zur Unterdrückung des als Ketzerei geltenden protestantischen Glaubens wurde im ganzen spanischen Machtbereich ein geistliches Gericht, die Inquisition, eingerichtet. Den Vorsitz führte der Großinquisitor. Denunziationen genügten, um vor die Inquisition gestellt zu werden. Geständnisse wurden vielfach durch die Folter erzwungen, und die Verurteilten wurden auf dem Scheiterhau-

fen öffentlich verbrannt. Mit der eigentlich religiös motivierten Inquisition konnten jedoch auch innenpolitische Machtinteressen durchgesetzt werden. Denn auch politische Herrschaft galt als von Gott gegeben, und der geringste Widerstand gegen eine solche Herrschaft war ketzerisch.
Der Absolutismus Spaniens manifestierte sich nicht wie der spätere in Frankreich durch Prunk und Verschwendungssucht. Zwar ließ sich auch Philipp einen Palast bauen, den Escorial, doch ähnelte dieser auf düsteren Hügeln außerhalb Madrids erbaute Gebäudekomplex eher einem Gotteshaus. Frömmigkeit, moralische Enge und Strenge kennzeichneten diesen Absolutismus. Ausdruck dieser Lebensform war auch das pedantisch eingehaltene Hofzeremoniell. Jedes Mitglied des Hofstaates war in ein System von Vorschriften eingebunden, das ihm sogar diktierte, wie es sich in alltäglichen Angelegenheiten zu verhalten hatte.
Die protestantischen Niederlande waren durch ein stark entwickeltes Bürgertum das wirtschaftlich bedeutendste Land der spanischen Krone und brachten Spanien ein Großteil der Steuereinnahmen. Gegen die Herrschaft Spaniens, die Unterdrückung aller Freiheiten, insbesondere der Glaubensfreiheit, und die harten Maßnahmen der Inquisition erhoben sich die Niederlande unter der Führung der niederländischen Adligen Wilhelm von Oranien, Egmont und Hoorn. Philipp sandte 1568 den spanischen Herzog Alba als Statthalter in die Niederlande. Der schlug den Aufstand blutig nieder. Egmont und Hoorn wurden im selben Jahr noch hingerichtet.
Einziger Gegenspieler Spaniens war im 16. Jahrhundert das protestantische England unter der Regierung Elisabeths I. Im Jahre 1587 entschloß sich Philipp zur Eroberung Englands. Äußerlicher Anlaß war, daß Elisabeth die Niederlande in deren Unabhängigkeitsstreben unterstützte und im selben Jahr die ehemalige katholische Königin Schottlands, Maria Stuart, hinrichten ließ. Philipps Flotte, die als unbezwingbar geltende Armada, wurde im Jahre 1588 jedoch entscheidend vor den Küsten Englands geschlagen, und damit begann zugleich der Niedergang Spaniens als politischer Großmacht.

Arbeitshinweise:
- *Welche Stellung hatte Spanien in der Staatenwelt des 16. Jahrhunderts?*
- *Beschreiben Sie die Herrschaftsform Philipps!*
- *Warum kam es zum Konflikt mit anderen Ländern (auch des eigenen Herrschaftsbereichs)?*
- *Welches Verhältnis bestand zwischen Staat und Kirche?*
- *Beschreiben Sie die äußere Erscheinungsform des spanischen Absolutismus!*
- *Um welche historischen Ereignisse bildeten sich Legenden?*

tion die prostituierte Menschheit zu rächen, und ihre Schandfleken fürchterlich an den Pranger zu stellen“ (Schiller an Rheinwald, 14. 4. 1783). Darüber hinaus konnte im *Don Carlos* mit dem Unabhängigkeitskampf der Niederlande der absolutistischen Herrschaft ein Beispiel bürgerlichen Selbstbewußtseins entgegengesetzt werden. In der Schrift *Der Abfall der Niederlande von der spanischen Regierung (1788)* heißt es: „Groß und beruhigend ist der Gedanke, daß gegen die trotzigen Anmaßungen der Fürstengewalt endlich noch eine Hülfe vorhanden ist, daß ihre berechnetsten Pläne an der menschlichen Freiheit zu Schaden werden (...) Nirgends durchdrang mich diese Wahrheit so lebhaft als bei der Geschichte jenes denkwürdigen Aufruhrs, der die vereinigten Niederlande auf immer von der spanischen Krone trennte – und darum achtete ich es des Versuchs nicht unwert, dieses schöne Denkmal bürgerlicher Stärke vor der Welt aufzustellen ...“.

Zudem bot der Stoff des *Don Carlos* von Anfang an die Möglichkeit, die Thematik von *Kabale und Liebe* wieder aufzugreifen und eine Familientragödie zu schreiben: „Carlos würde nichts weniger seyn, als ein politisches Stük – sondern eigentlich ein Familiengemälde in einem fürstlichen Hauße, und die schrekliche Situazion eines Vaters, der mit seinem eigenen Sohn so unglüklich eifert, die schreklichere Situazion eines Sohns, der bei allen Ansprüchen auf das gröste Königreich der Welt ohne Hoffnung liebt, und endlich aufgeopfert wird, müßten denke ich, höchst interessant ausfallen“ (Schiller an Dalberg, 17. 6. 1784). Dieser Anspruch des natürlichen Gefühls, der in Widerspruch tritt zu den als einengend empfundenen gesellschaftlichen Regeln, ist in der aufklärerischen Literatur des 18. Jahrhunderts ein aktuelles Thema: Das Herz, die Liebe, eigene Tüchtigkeit und Verdienste sowie die natürliche Gleichheit aller Menschen sollten für den Aufbau privater und gesellschaftlicher Beziehungen ausschlaggebend sein. So begründet Carlos seinen Anspruch auf Elisabeth mit dem fühlenden Herz, das gegen die politische Vernunftehe von Philipp und Elisabeth rebelliert (vgl. I/5 V. 678–710).

Zudem wurde in den Familientragödien des 18. Jahrhunderts immer wieder die Bedrohung der bürgerlichen Familie durch den Adel thematisiert. In dieser Hochschätzung der Familie realisierte sich nämlich das neue Wertesystem: Sie war der Ort häuslicher Glückseligkeit, wo menschliche Beziehungen sich frei von gesellschaftlichen Zwängen entfalten konnten. Mit dem *Don Carlos* wird der herkömmliche Typus einer Familientragödie um eine Variante erweitert: Nicht nur die bürgerliche Familie (wie in *Kabale und Liebe)* ist bedroht. Die Familienbeziehungen in einem fürstlichen Hause sind ständig den Einflüssen der höfischen Politik ausgesetzt. Ihren Mitgliedern bleibt von vornherein das Refugium privater Glückseligkeit versagt, da sie zugleich eine politisch-öffentliche Funktion wahrnehmen müssen. In Fürstenhäusern sind somit menschliche und familiäre Beziehungen besonders gefährdet. Insofern folgte Schiller mit der Wahl seines Stoffes auch dem literarischen Zeitgeist (vgl. Koopmann 1979, S. 98f.).

Zur Erhöhung der dramatischen Wirkung hat der Dichter nach Schillers Auffassung auch durchaus das Recht, historische Stoffe in seinem Sinne zu verändern. In der Schrift *Über die tragische Kunst (1792)* heißt es: „Aber die Tragödie hat einen poetischen Zweck, d.i. sie stellt eine Handlung dar, um zu rühren und durch Rührung zu ergötzen (...); sie erhält Macht, ja Verbindlichkeit, die historische Wahrheit den Gesetzen der Dichtkunst unterzuordnen und den gegebenen Stoff

M 2

Entwurf einer Tragödie *Don Carlos*

Aufgabenstellung:
Mit M 1 besitzen Sie die Informationen, auf deren Grundlage Schiller den *Don Carlos* schuf. Er schrieb eine Tragödie, also ein Drama, in dem Hauptpersonen sterben oder eine persönliche Katastrophe erleiden.
Was könnte Schiller gerade an diesem Stoff interessiert haben? Welche interessanten Themen dieser Stoff bietet, können Sie leicht herausfinden: Entwerfen Sie selbst eine Handlung auf der Grundlage von M 1. Dabei müssen Sie allerdings bestimmte Regeln beachten:

Regeln:
- In einem Drama treten Personen zueinander in Beziehung. Dabei entstehen aus Interessengegensätzen unauflösbare Konflikte. Im Stück müssen somit irgendwelche Konflikte zwischen bestimmten Personen angelegt sein.
- Sie schreiben ein Geschichtsdrama, d. h. Sie haben einen historisch verbürgten Stoff zum Gegenstand. Sie können also nicht völlig frei phantasieren, sondern müssen sich einigermaßen an einen vorgegebenen Rahmen halten. Unmöglich ist es z. B., Philipp durch ein Attentat umkommen oder Carlos als 80jährigen Greis sterben zu lassen.
- Kleinere Änderungen können Sie vornehmen. Erlaubt ist beispielsweise das Erfinden von Charaktereigenschaften. So müssen Sie in Carlos nicht unbedingt einen kränkelnden, schwachsinnigen Jüngling sehen. Auch können Sie zusätzliche Personen, die historisch nicht verbürgt sind, in das Handlungsgeschehen einbauen, z. B. Freunde, Rivalen, etc.

Ausführung:
Sie sollten beachten, daß ein Drama in der Regel 5 Akte hat und sich üblicherweise in drei Abschnitte gliedern läßt:

1./2. Akt (Exposition)	Beschreiben Sie die Konflikte (Interessengegensätze), die zwischen einzelnen Personen entstehen.
3. Akt (Peripetie)	Wie spitzen sich die Konflikte immer mehr zu? Wie kommen sie zum offenen Austrag?
4./5. Akt (Katastrophe)	Wie werden die Konflikte entschieden? (Beachten Sie den ernsten Ausgang!)

nach ihrem Bedürfnisse zu bearbeiten (...), so steht sie, ihrer historischen Freiheit unbeschadet, unter dem strengen Gesetz der Naturwahrheit, welche man im Gegensatz von der historischen die poetische Wahrheit nennt (...) Es verrät daher sehr beschränkte Begriffe von der tragischen Kunst, ja von der Dichtkunst überhaupt, den Tragödiendichter vor das Tribunal der Geschichte zu ziehen ...".
Schillers bevorzugte Quelle für den historischen Stoff des *Don Carlos* war die Schrift *Dom Carlos, nouvelle historique* des Abbé de Saint-Réal (1639–1692). Doch dieser war mehr ein historischer Erzähler als ein an der Klärung geschichtlicher Sachverhalte interessierter kritischer Historiker. Er war vor allem an der Psyche der handelnden Menschen interessiert und neigte bei seiner Darstellung häufig zu Legendenbildungen. Infolgedessen weicht in seinem Gefolge auch Schiller notwendigerweise etwas von der historischen Wahrheit ab. Darüber hinaus änderte Schiller im Sinne seiner Unterscheidung von „historischer" und „poetischer Wahrheit" auch bewußt historische Tatsachen. Dies betrifft vor allem die Hauptgestalten:

- Schillers Carlos ist eine stark idealisierte Figur. Der historische Carlos war ein launischer, eigenwilliger und kränklicher Jüngling. Durch einen Treppensturz hatte er sich als Kind bleibende Hirnschäden zugezogen, die immer wieder unkontrollierte und exzentrische Verhaltensweisen hervorriefen. So sperrte er sich einmal in einen Stall ein und mißhandelte die Pferde mit Dolchstößen. Auch wollte er in seiner Verwirrung heimlich in die Niederlande entfliehen, um den dortigen Aufstand zu unterstützen. So sah sich Philipp genötigt, seinen Sohn vor der Öffentlichkeit versteckt zu halten. Carlos starb an den Folgen einer Erkrankung.
- Der literarische Philipp erhält von Schiller menschliche Konturen. Schiller stellt ihn als Menschen auf dem Königsthron dar, der unter seiner Herrscherrolle leidet. Ein solcher Zwiespalt von Mensch und Rolle ist vom historischen Philipp nicht bekannt.
- Ein Marquis von Posa wird beim Abbé de Saint-Réal als Kammerjunker des Prinzen genannt. Er ist jedoch historisch nicht verbürgt. Schiller veränderte diese Gestalt in seinem Sinne, um mit ihr Aufklärungsdenken in das Spanien des 16. Jahrhunderts transponieren zu können.
- Schillers Elisabeth ist ebenfalls historisch nicht „korrekt". Die historische Elisabeth fühlte sich am spanischen Hof wohl und führte nach den Maßstäben der damaligen Zeit mit Philipp eine glückliche Ehe. Ihre Beziehung zur Carlos und ihre Unterstützung des Freiheitskampfes der Niederlande sind Legende, die entstehen konnte, weil sie im selben Jahr wie Carlos starb.

Auch kleinere Veränderungen nahm Schiller vor, um dramatische Wirkungen zu erzielen. So verlegt er z. B. den Untergang der spanischen Armada um 20 Jahre vor, nämlich auf das Jahr 1568, und damit auf die Zeit, in der sein Stück spielt. Obwohl dieses Ereignis für den Untergang des spanischen Weltreichs wesentlich mitverantwortlich war, verzeiht Schillers Philipp dem Befehlshaber seiner Flotte großmütig die katastrophale Niederlage. Dadurch kann Schiller die Milde und Menschlichkeit Philipps augenfällig vorführen.

Methodisch-didaktische Überlegungen

Ohne Kenntnis des historischen Stoffes ist für die Schüler die Lektüre des *Don Carlos* nur schwer zu bewältigen. Das Informationsblatt M 1 (Die geschichtlichen Grundlagen des *Don Carlos*), das speziell für diese Unterrichtsreihe konzipiert wurde, macht sie deswegen eingangs der Stunde mit den historischen Grundlagen des Stücks vertraut. Auch die für Schiller wichtigen Legenden, die sich um die historischen Tatsachen gebildet haben, finden Erwähnung (Phase 1).

Im Mittelpunkt der Stunde steht die Frage, was an diesem historischen Stoff für Schiller interessant gewesen sein konnte, warum Schiller also gerade diesen historischen Stoff zur Grundlage eines Theaterstücks nahm. Zur Beantwortung dieser Frage schlüpfen die Schüler in die Rolle des Dramatikers und probieren aus, welche Möglichkeiten der Dramatisierung der geschichtliche Stoff bietet. Mit Hilfe gezielter Vorgaben auf M 2 (Entwurf einer Tragödie *Don Carlos*) sollen die Schüler mögliche Handlungsabläufe einer Tragödie entwerfen (Phase 2). Damit sind mehrere Lernziele verbunden:

- Es soll durch die eigenen Handlungsentwürfe eine gewisse Neugierde auf Schillers tatsächliche Behandlung des Stoffes entstehen;
- es werden Kenntnisse über das Bauprinzip einer Tragödie vermittelt (Konflikt, Konfliktlösung, Exposition, Peripetie, Katastrophe);
- in ihren Entwürfen gehen die Schüler ähnlich mit dem historischen Material um wie Schiller und erlangen so Kenntnisse über einige Grundregeln des Geschichtsdramas.

Die gewonnenen Handlungsentwürfe sind in der Regel Variationen der Grundtypen *Familientragödie* und *Politische Tragödie*. Nachdem die Entwürfe gruppiert sind, ist zu klären, welche Variante Schiller wohl gewählt hat. Es müßte deutlich werden, daß sowohl die Kritik an der absolutistischen Herrschaft (Politische Tragödie) als auch die Thematisierung des Konflikts zwischen subjektiven Glücksansprüchen und gesellschaftlichen Konventionen sowie die Bedrohung der Familienordnung (Familientragödie) für Schiller interessant gewesen sein könnte (Phase 3).

Als Hausaufgabe lesen die Schüler den 1. Akt unter der Fragestellung, welchen der möglichen Handlungsentwürfe Schiller am Anfang des Stückes tatsächlich verfolgt. Sollte im Unterricht Zeit bleiben, kann I/1 schon gemeinsam gelesen und im Sinne der Aufgabenstellung besprochen werden.

Unterrichtsverlauf

Phase 1:
Der historische Stoff des Don Carlos

Am Anfang der Stunde werden die Schüler mit dem historischen Stoff des *Don Carlos* bekannt gemacht. Dazu lesen sie M 1, das die wichtigsten Informationen für ein Verständnis der Zusammenhänge des Stücks enthält. Zur Sicherung des Verständnisses werden die beigefügten Kontrollfragen (Arbeitshinweise) mündlich beantwortet. Dabei sollte angesprochen werden:

- Durch seine geographische Größe und seine militärische Stärke (vor allem wegen der als unbezwingbar geltenden Armada) war Spanien im 16. Jahrhundert die führende Weltmacht. Zu Frankreich und Deutschland bestanden freundschaftliche Beziehungen. England war die einzige Großmacht, die Spanien diese Stellung streitig machen konnte.
- Spanien war ein despotischer Staat mit einem absolutistischen Oberhaupt. Alle politischen Entscheidungen wurden von Philipp allein gefällt. Ein Mitspracherecht des Volkes gab es nicht. Der

despotische Charakter des Staates zeigt sich in der Unterdrückung aller politischen Freiheiten, vor allem aber in der Unterdrückung der Glaubensfreiheit.

- Anlaß für den Krieg mit dem protestantischen England war Elisabeths Unterstützung der Niederlande und die Hinrichtung der katholischen Königin Maria Stuart. Mit dem Krieg wollte Philipp den einzigen Konkurrenten um die politische und wirtschaftliche Vormachtstellung ausschalten. Zum Konflikt mit den Niederlanden kam es, weil diese reiche Provinz hohe Abgaben leisten mußte und in ihrem protestantischen Glauben brutal unterdrückt wurde.
- Kirche und Staat bildeten eine Einheit, wobei die Kirche untergeordnet war. Philipp sicherte die Position der katholischen Kirche, indem er die Inquisition in ihrem Vorgehen gegen den protestantischen Glauben unterstützte. Zugleich konnte er damit seine Herrschaft gegen den Anspruch der Glaubensfreiheit und eine damit verbundene Liberalisierung sichern. Philipp war stets bemüht, den Katholizismus als einheitlichen Glauben des Volkes durchzusetzen.
- Der spanische Absolutismus war ohne Prunk und wirkte durch seine starre Frömmigkeit asketisch. Ausdruck dieser Enge war auch die Etikette am spanischen Hof: Jedes Mitglied des Hofstaates war in seinen privaten und öffentlichen Handlungen an ein System von Vorschriften gebunden.
- Legenden bildeten sich vor allem um den Tod von Carlos. So soll Philipp Carlos zu Tode gebracht haben, weil zwischem diesem und Elisabeth eine Liebesbeziehung bestanden und Carlos Verbindungen zur Rebellion in den Niederlanden gepflegt habe.

Phase 2:
Mögliche Dramatisierungen des historischen Stoffes / Versuch von Handlungsentwürfen

Nachdem die Schüler den historischen Stoff des *Don Carlos* kennengelernt haben, wird nun der Frage nachgegangen, was Schiller daran als Grundlage für eine Tragödie interessiert haben könnte. Dazu schlüpfen die Schüler in die Rolle des Dramatikers und probieren selbst aus, welche interessanten Themen der historische Stoff bietet.

Der Lehrer weist darauf hin, daß Schiller am historischen Stoff des *Don Carlos* sofort Gefallen fand und beschloß, auf dieser Grundlage ein Trauerspiel zu schreiben. Was an diesem Stoff interessant war, können die Schüler herausfinden, indem sie selbst einen Handlungsverlauf für eine Tragödie *Don Carlos* entwerfen. Dazu lesen sie erst M 2 (Entwurf einer Tragödie *Don Carlos*). Hier finden sie Regeln und Anweisungen, wie sie vorzugehen haben. Wenn die Regeln verstanden sind, werden in Partnerarbeit (Einzelarbeit) mögliche Handlungsverläufe entworfen. Dabei ist die vereinfachte Aufteilung in Exposition, Peripetie sowie Katastrophe einzuhalten.

Sollte den Schülern ein Entwurf schwerfallen, kann folgendes Beispiel vorgelesen werden (gegebenenfalls als Anstoß nur der Inhalt des 1. und 2. Aktes):

<u>Beispiel für einen Handlungsverlauf</u>

1./2. Akt:
Carlos und Philipp denken politisch unterschiedlich. Carlos will einen freiheitlichen Staat und unterstützt daher den Freiheitskampf der Niederlande. Philipp will um jeden Preis sein despotisches System erhalten. So kommt es zwischen Vater und Sohn immer wieder zu heftigen Debatten.

3. Akt:
Carlos hat einen Freund in den Niederlanden.

Dieser wird gefaßt, und man entdeckt Briefe, in denen Carlos über Umsturzpläne nachdenkt.

4./5. Akt:
Philipp sieht in seinem Sohn einen Verräter und will ihn zum öffentlichen Widerruf zwingen. Doch Carlos bleibt seinen politischen Ideen treu, und Philipp läßt den eigenen Sohn hinrichten.

Dieses Beispiel setzt am politischen Gegensatz von Carlos und Philipp an, zeigt also einen möglichen Konfliktbereich auf. Vor allem aber enthält es den Hinweis, daß durch eine Änderung des historischen Carlos und durch die Hereinnahme einer historisch nicht verbürgten Figur leicht eine Dramenhandlung, die im geschichtlichen Rahmen bleibt, entworfen werden kann.

Phase 3:
Bearbeitungsmöglichkeiten des historischen Stoffes: Familientragödie und Politische Tragödie

Zum Abschluß muß geklärt werden, welche Bearbeitungen des historischen Stoffes interessant sind und Schiller veranlaßt haben könnten, eine Tragödie zu schreiben.
Die Schüler lesen dazu ihre Kurzentwürfe vor. Es ist darauf zu achten, daß die Regeln eingehalten wurden:
- Wurde Entstehung, Zuspitzung und Lösung eines Konflikts beschrieben?
- Wurde der historische Rahmen einigermaßen eingehalten?

Bei einem korrekten Entwurf einer Tragödie *Don Carlos* kann im Grunde nur am Tode von Carlos angesetzt werden. Naheliegend ist dann die Vermutung, daß der private oder politische Konflikt mit Philipp dazu geführt hat. So dürften im allgemeinen die beiden folgenden Konzeptionen zu erwarten sein:
- Das Stück wird als Familientragödie konzipiert. Der Handlungsverlauf setzt am Konflikt von Vater und Sohn aus Liebe zur selben Frau an.
- Es wird eine Politische Tragödie entworfen. Carlos tritt mit seinen liberalen Ideen als politischer Gegenspieler Philipps auf.

Bei der Sammlung der Schülerentwürfe sollte jeweils festgehalten werden, an welchem Interessengegensatz die Handlung ansetzt. Es wird sich relativ schnell zeigen, daß alle Konzeptionen als Varianten dieser beiden Grundtypen eingestuft werden können. Dabei sollten die Bezeichnungen *Familientragödie* und *Politische Tragödie* verwendet und mit den spezifischen Merkmalen an der Tafel einander gegenübergestellt werden (siehe Stundenblatt): In der Familientragödie führen innerfamiliäre Konflikte zum Untergang der Familie. Die Politische Tragödie beschäftigt sich mit dem Untergang freiheitlicher Ideen in einem despotischen System.
Entscheidend ist die Frage, was Schiller an der einen oder anderen Variante interessiert haben könnte. Die Schüler sollten ihre Vermutungen äußern und dabei erklären, inwieweit die von ihnen angenommene Variante ein interessantes Thema gewesen sein könnte. Aufgrund ihrer Vorkenntnisse müßten sie eigenständig erkennen, daß die zeitgenössischen Zustände Schiller zur politischen Variante motiviert haben könnten. Das despotische Spanien steht dann für den deutschen Absolutismus. Durch den liberal denkenden Carlos könnte er ein System der Unfreiheit kritisiert haben wollen.
Schillers Interesse an einer Familientragödie ist den Schülern verständlich, wenn sie in anderen Klassenstufen *Kabale und Liebe* oder *Die Räuber* gelesen haben. Unter Umständen muß der Lehrer von sich aus erklären, daß es Schiller einerseits um die

Darstellung des für den Sturm und Drang typischen Anspruchs des natürlichen Gefühls gegen ständische Konventionen (z. B. Liebe von Carlos und Elisabeth vs. Vernunftehe von Philipp und Elisabeth) ging. Andererseits wurde der Zusammenbruch einer Familie – wie etwa in *Kabale und Liebe* – häufig auf Bühnen des 18. Jahrhunderts dargestellt. Mit der Wahl seines Stoffes, nämlich der Zerstörung einer Königsfamilie, gehorchte Schiller somit dem literarischen Zeitgeist.

Phase 4 (evtl. Hausaufgabe):
Beginn der Textlektüre

Als Hausaufgabe lesen die Schüler den 1. Akt unter folgender Fragestellung:
- Welche Konflikte zwischen einzelnen Personen sind angelegt?
- Finden Sie Ihren Handlungsentwurf bestätigt?
- Vergleichen Sie den 1. Akt mit M 1. Wo ist Schiller von historischen Tatsachen abgewichen?

Sollte im Unterricht noch Zeit bleiben, empfiehlt es sich, I/1 gemeinsam mit verteilten Rollen zu lesen und anhand der Fragestellung der Hausaufgabe zu besprechen. Dabei ergibt sich:
- Die erste Szene des 1. Aktes macht deutlich, daß Carlos seine Mutter liebt und wohl deswegen von Domingo im Auftrag Philipps bespitzelt wird. Zwischen Vater und Sohn ist somit ein Beziehungskonflikt angelegt.
- Schiller könnte am historischen Stoff die Familienproblematik interessiert haben: Carlos liebt die eigene Stiefmutter und muß damit in Konflikt mit dem Vater geraten.
- Carlos erscheint als normaler junger Mann, der weder (körperlich) krank nach schwachsinnig wirkt. Auch scheint Schiller von einer Beziehung von Elisabeth und Carlos, die es in der Historie nicht gab, auszugehen.

Alternativ könnte der Text *Friedrich Schiller. „Über die tragische Kunst" – das Verhältnis von historischer und poetischer Wahrheit* aus der Klett-Ausgabe des *Don Carlos* (S. 226–227) unter der Fragestellung *Warum darf ein Dichter historische Tatsachen ändern?* gelesen werden. Es müßte deutlich werden, daß der Dichter mit seinem Werk einen poetischen Zweck verfolgt, z. B. beim Zuschauer Mitleid zu erregen. Für ihn muß vor allem wichtig sein, daß die Ereignisse und Charaktere glaubwürdig wirken, also der menschlichen Natur gemäß dargestellt werden. Die historische Wahrheit darf geändert werden, wenn sie der Erfüllung eines poetischen Zwecks dienlich ist.

Stundenziele

Die Schüler sollen
- die geschichtlichen Grundlagen des *Don Carlos* kennenlernen,
- in Form von kurzen Handlungsentwürfen selbst ausprobieren, welche Möglichkeiten der Dramatisierung der geschichtliche Stoff bietet,
- der Frage nachgehen, was für Schiller am historischen Stoff als Gegenstand einer Tragödie interessant gewesen sein könnte,
- erkennen, daß sich aus dem Stoff in der Hauptsache eine *Familientragödie* und eine *Politische Tragödie* entwickeln lassen.

3. Stunde: Philipp II. – Der Zwiespalt von Staatsmann und Individuum

Sachanalyse (für 2. und 3. Stunde)

In der französischen Aufklärung wurde Philipp immer nur als grausamer Despot gesehen. So heißt es in der Schrift *Portrait de Philippe II. roi d'Espagne* von Louis Sébastian Mercier, die Schiller unter dem Titel *Philipp der Zweite, König von Spanien (1786)* für die *Rheinische Thalia* übersetzte: „Kein Tyrann, finster und grausam wie dieser, bestieg seit Tiberius den Thron. Philipp der Zweite ließ das Schiff der römischen Kirche auf einer See von Menschenblut treiben. Einverstanden mit dem Inquisitionsgericht, dessen barbarische Verfolgungen in Flandern, Spanien, Amerika er beförderte, grausam von Natur und nach Grundsätzen, mußte er noch zugleich sein Vertrauen an zwei Kreaturen verschenken, die seiner vollkommen würdig waren, an den Kardinal Granvella und den Herzog von Alba."

Schillers erstes Bild vom spanischen König wird durch solche Darstellungen geprägt, denn auch seine Hauptquelle, der Abbé de Saint-Réal, beschreibt Philipp in diesem Sinne. Erst nach der Lektüre von Robert Watsons *The History of the Reign of Philip the Second, king of Spain* distanziert sich Schiller von seinen französischen Quellen. In der Vorrede zum Abdruck des 1. Aktes in der *Rheinischen Thalia (1785)* heißt es bereits: „Mein Plan ist auf gleiche Art vereitelt, wenn ich bei Philipps Darstellung den französischen Skribenten folge ... Man erwartet – ich weiß nicht welches? Ungeheuer, sobald von Philipp dem Zweiten die Rede ist – mein Stück fällt zusammen, sobald man ein solches darin findet."

In seinem *Don Carlos* stellt Schiller schließlich den Menschen Philipp als empfindendes, individuelles Wesen auf dem Königsthron dar. Grausamkeit und Unmenschlichkeit sind nicht Eigenschaften seines Charakters, sondern funktionsnotwendiger Bestandteil eines sich gegenüber dem Herrscher verselbständigenden absolutistischen Staatsprinzips. In diesem Sinne ist der König bei Schiller auch nicht mehr oberster Herr der Inquisition. Im *Don Carlos* tritt die Inquisition eher als selbständige Macht auf: Sie weiß – im Gegensatz zu Philipp – von den revolutionären Plänen Posas und hat anscheinend das Recht, von Philipp Rechtfertigungen über sein Verhalten zu verlangen (vgl. V/10). Als bedeutendste Macht im Staat und als Inkarnation von Grausamkeit erscheint somit weniger der König als der Großinquisitor.

So wird von Schiller ein König gezeichnet, der in seiner Rolle als Staatsmann nicht aufgeht, sondern Schwierigkeiten hat, damit zurechtzukommen: Als absolutistischer, von Gott eingesetzter Herrscher wirkt der König für seine Untertanen nur glaubhaft, wenn er zu ihnen Distanz hält. Erhabenheit und Würde auf dem Königsthron bedeuten somit zugleich menschliche Vereinsamung.

Die Sonderstellung des Königs wird wesentlich durch die Etikette bestimmt, die das spanische Hofleben bis in alltägliche Handlungen hinein regelt. Die Mitglieder des Hofes sind in ihrem Umgang an einen Katalog von Vorschriften gebunden, der einen unmittelbaren menschlichen Austausch jenseits der formalen Regeln unmöglich macht. Die Königin wird beispielsweise daran gehindert, ihren unmittelbaren menschlichen Regungen nachzugehen, etwa derjenigen, sich mit ihrem kleinen Kind zu beschäftigen. Der König wiederum ist aus allen anderen Menschen herausgehoben. Wer sich ihm nähern will, muß ein bestimmtes Ritual im Verhalten

und in der Anrede einhalten. Spontane, menschliche Annäherungen werden auf diese Weise nahezu unmöglich.
Mit seiner Rolle als König und mit den Ansprüchen der Etikette scheint Schillers Philipp jedoch bis zum Einsetzen der Handlung im großen und ganzen problemlos zurechtgekommen zu sein. Entscheidend für sein Unbehagen an der Einsamkeit der Herrscherrolle wird erst seine sich problematisch gestaltende Beziehung zu Elisabeth. Sehr früh im Stück gibt Philipp zu erkennen, daß die Treue seiner Gattin die Stelle ist, wo er menschlich verletzt werden und in einen Zwiespalt zur Herrscherrolle geraten kann: „Ich heiße / Der reichste Mann in der getauften Welt; / Die Sonne geht in meinem Staat nicht unter – / Doch alles das besaß ein andrer schon, / Wird nach mir mancher andre noch besitzen. / *Das* ist mein eigen. Was der König hat, / Gehört dem Glück – Elisabeth dem Philipp. / Hier ist die Stelle, wo ich sterblich bin“ (I/6, V. 860–867).
An dieser Stelle setzt die Intrige von Alba und Domingo an. Alba und Domingo fürchten den politisch anders denkenden Thronfolger: Eine von Charlos durchgeführte Liberalisierung würde die Grundfesten eines despotischen Systems, dessen weltliche und geistliche Repräsentanten sie sind, zum Einsturz bringen. Carlos würde sie in einem demokratischen Staat um ihre Position bringen (vgl. II/10, V. 2005–2031). Alba konnte bereits die Entfernung von Carlos aus der politischen Entscheidungssphäre erreichen, indem er ihm gegenüber Philipp revolutionäre Pläne nachsagte (vgl. II/3, V. 1252–1254). In Carlos' Verliebtheit sehen sie nun die Gelegenheit, ihn endgültig aus dem Weg zu räumen.
In der Prinzessin von Eboli finden sie dabei eine unerwartete Verbündete, die private Rachegefühle gegen Carlos hegt. Sie liebt Carlos, wurde jedoch von ihm verschmäht. Als sie in Erfahrung bringt, daß Carlos Elisabeth zugetan ist, will sie sich an Carlos und der vermeintlichen Rivalin rächen. Sie stiehlt aus der Schatulle Elisabeths Briefe und ein Medaillon von Carlos und läßt sie Philipp zukommen.
Der intrigante Hinweis trifft Philipp genau an der schwachen Stelle. Er wirkt wie besessen von seiner Eifersucht. Nach durchwachter Nacht sieht er in Vermengung von Wahn und Wirklichkeit im Gemach Elisabeths ein Feuer, wohl ein Symbol für Elisabeths entflammte Liebe zu Carlos (vgl. III/2, V. 2482–2488).
Durch die Zweifel an der Treue seiner Frau verliert Philipp sein seelisches Gleichgewicht. Für ihn ist nur noch eines dringend notwendig, nämlich Klarheit über eine mögliche Beziehung von Carlos und Elisabeth zu erhalten. Der mächtigste Mann der Welt ist auf Wahrheit und Aufrichtigkeit angewiesen, also auf Werte, die er in seiner Funktion als König nicht erzwingen kann. Philipp wendet sich in seiner menschlichen Not – für ihn naheliegend – an seine unmittelbare Umgebung, an Lerma, Alba und Domingo. Doch Lerma, ein im Grunde ehrlicher Mensch, aber mit devoter Lakaienmentalität, ist hier überfordert. Es übersteigt seinen Horizont, daß er Philipp nicht wie gewohnt als König, sondern als Mensch begegnen soll. Seine Leerformeln *mein König* und *Ihre Majestät* machen Philipp klar, wie unverstanden er sich als Mensch von seinem Untergebenen fühlen muß (vgl. III/2, V. 2512–2518).
Alba und Domingo begegnen Philipp wie immer: heuchelnd, buhlend und – wenn nötig – intrigant. Zielbewußt schüren sie seinen Verdacht. Alba erzählt ihm von der geheimen Unterredung Elisabeths und Carlos' in Aranjuez und macht rhetorisch geschickt klar, daß Philipps Ehe mit Elisabeth nicht aus gegenseitiger Liebe, sondern aus Gründen der Staatsraison (gute

Beziehungen zu Frankreich) geschlossen wurde (vgl. III/3, V. 2639–2657). Domingo erzählt ihm von einem Gerücht, das angeblich im Volke umgehe: Carlos sei der Vater seiner Tochter, weil Philipp zum Zeitpunkt der möglichen Zeugung krank darnieder gelegen habe.

Damit schießt Domingo jedoch übers Ziel hinaus: Philipp erkennt, daß mit diesen Bemerkungen vor allem Carlos diskreditiert werden soll. Er muß erfahren, daß Alba und Domingo nicht an ihm interessiert sind, sondern lediglich kompromißlos ihre politischen Ziele verfolgen (vgl. III/4, V. 2757–2775).

Erst jetzt wird Philipp in vollem Umfang seine menschliche Isolation bewußt. Mit seinem Wunsch nach Wahrheit muß er inmitten seines Hofes allein bleiben. Die Herrscherrolle und die Ansprüche der Etikette werden jetzt für ihn zur Last. So wendet er sich in seinem Monolog im 3. Akt (III/5) hilflos an die Vorsehung und bittet um einen Freund. Er schüttet Lose auf und stößt auf Posa. Da Posa trotz einiger Verdienste nie um die Gunst des Königs buhlte, hält Philipp ihn für den aufrichtigen Menschen, der ihm Wahrheit verschaffen und der ersehnte Vertraute sein kann. Der Weg für Posa wird frei.

Methodisch-didaktische Überlegungen

In den ersten beiden Stunden wurden die Schüler mit dem historischen Stoff des *Don Carlos* vertraut gemacht. Dabei wurde auch das politische System des absolutistischen Spaniens vorgestellt. Schon deshalb liegt es nahe, sich nun mit Philipp, dem politischen Oberhaupt, und seiner Rolle im Stück näher zu beschäftigen. Diese Figur bietet zudem einen guten Anreiz zur Lektüre der ersten Akte. Der mächtigste Mann seiner Zeit entpuppt sich nämlich bei Schiller als schwach und hilflos. Die Frage nach den Ursachen dieses Widerspruchs läßt sich durch die Lektüre und Besprechung der ersten Akte beantworten.

In dieser Stunde sollen die Schüler erkennen, daß Philipp als Mensch mit individuellen Bedürfnissen in Konflikt zu seiner Rolle als König gerät. Dazu wird ihnen zuerst einmal die Selbstdarstellung des historischen Philipp mit Hilfe von M 3 (Das offizielle Bild Philipps II.) gezeigt: Das spanische Oberhaupt begreift sich als mächtiger, erhabener und würdevoller König von Gottes Gnaden (Phase 1).

Doch für den Philipp Schillers ist diese offizielle Selbstdarstellung nur eine Rolle. Um den Widerspruch von Herrscherrolle und Individuum deutlich zu machen, wird der erste Teil aus dem Monolog Philipps im 3. Akt (III/5, V. 2809–2828) gelesen, in dem er schwach und hilflos den Wunsch nach einem Vertrauten äußert und sich als hilfsbedürftiges Individuum somit im Gegensatz zur offiziellen Darstellung befindet (Phase 2). Es drängt sich die Frage auf, warum sich Philipp als Mensch so hilfsbedürftig zeigt und nicht der erhabene König ist. Auf der Grundlage ihrer Kenntnis des 1. Aktes äußern die Schüler Vermutungen über die Ursachen von Philipps Situation (Phase 3).

Mit diesem offenen Resultat können die Schüler auf den weiteren Fortgang der Handlung neugierig gemacht werden: Als Hausaufgabe wird der 2. Akt gelesen. Dabei ist zu klären, welche der möglichen Ursachen für Philipps menschliche Hilflosigkeit tatsächlich zutrifft.

M 3

Das offizielle Bild Philipps II.

D. Philipp II., der Katholische, von Gottes Gnaden König der beiden Spanien und Indien, Herzog von Brabant, mächtigster Herrscher des vergangenen, wie auch des gegenwärtigen Zeitalters.
Auf diesem Bild hast du, Betrachter, das Portrait eines Königs: du fragst, welche bedeutenden Gaben in der erhabenen Brust verborgen sind? Erhabenheit, heilige Treue und unbesiegbare Tugend, die jedoch nur von der Frömmigkeit übertroffen wurde. Zu keiner Zeit war ein Fürst besser oder bedeutender als dieser; denn Gott mehrt die Macht des Reiches.

– *Wie stellt sich der spanische König in Bild und Schrift nach außen hin dar?*

Unterrichtsverlauf

Phase 1:
Das offizielle Bild des historischen Philipp

Als Einstieg untersuchen die Schüler die Selbstdarstellung des spanischen Königs. Dazu sollte der Lehrer M 3, das ein Bild Philipps mit einer In- und Umschrift enthält, auf Folie kopieren und mit Hilfe des Tageslichtprojektors zeigen. Im Unterrichtsgespräch ist zu klären, wie sich Philipp nach außen darstellt, wobei zuerst das Bild und dann die Legende behandelt werden sollte. Anzusprechen ist dabei:

- Die schmucklose burgundisch-spanische Hoftracht läßt Philipp steif und streng erscheinen.
- In der Umschrift (mit den beiden Spanien sind Kastilien und Aragon, mit Indien die spanischen Kolonien in Amerika gemeint) drückt Philipp seine Macht aus, die er in der Staatenwelt des 16. Jahrhunderts innehat. Er ist der mächtigste Mann der Erde, sowohl in Gegenwart als auch in Vergangenheit. Seine Herrschaft legitimiert er durch das Gottesgnadentum. Der Beiname *Der Katholische* signalisiert zum einen eine enge Verbindung von Staat und Kirche, zum anderen Philipps Bestreben, den katholischen Glauben gegen den aufkommenden Protestantismus zu unterstützen.
- In der Inschrift drückt Philipp seine erhabene und fromme Gesinnung aus. Erhabenheit kommt ihm aufgrund seiner gottähnlichen Position zu, die ihn über seine Untertanen erhebt. Mit Frömmigkeit drückt Philipp seine innere Verbundenheit mit dem katholischen Glauben aus, dessen Grundsätze er als König verwirklichen will.

Während des Unterrichtsgesprächs sollte in Form eines Tafelanschriebs (siehe Stundenblatt) festgehalten werden, daß sich Philipp als erhabener, mächtiger und frommer König darstellt.

Phase 2:
Der Mensch Philipp

Um zu zeigen, daß bei Schiller Philipps Innenleben dieser offiziellen Darstellung nicht entspricht, wird der erste Teil aus einem Monolog Philipps (III/5, V. 2809–2828) gemeinsam gelesen und anschließend unter folgenden Leitfragen besprochen:

- Wie stellt sich Philipp in diesem Monolog dar?
- Vergleichen Sie Philipps Zustand mit dem offiziellen Bild!

Anzusprechen ist dabei:

- Philipp befindet sich gegenüber Gott („Vorsicht“) in der Situation eines Bittenden. Anstelle von bezahlten „Gehülfen“ wünscht er sich einen aufrichtigen Freund, der ihm Wahrheit verschafft. (Um nicht die Spannung wegzunehmen, sollte auf keinen Fall gesagt werden, daß Philipp hier Wahrheit über eine mögliche Beziehung von Carlos und Elisabeth meint.)
  Philipp wendet sich aus einem Gefühl der Hilflosigkeit an die Vorsehung: Er selbst sei nicht allwissend, und als König, der nur Regierungsgeschäfte zu erledigen hat, könne er die gesuchte Wahrheit nicht allein finden. Dazu brauche er einen wahren Freund.
- Philipp wirkt hier nicht erhaben und mächtig, sondern schwach und hilflos. Er scheint sich somit als Mensch im Widerspruch zu seiner Rolle als Staatsmann zu befinden: Als König hat er erhaben und mächtig zu sein und darf nicht schwach und hilflos erscheinen, wie er als Mensch tatsächlich ist.

Während des Unterrichtsgesprächs sollten diese Einsichten den Resultaten der vorhergehenden Phase durch Vervollständigung des Tafelanschriebs gegenübergestellt werden (siehe Stundenblatt).

Phase 3:
Mögliche Ursache von Philipps Hilflosigkeit

Aufgrund ihrer Kenntnis des 1. Aktes äußern die Schüler Vermutungen, warum sich Philipp hilfsbedürftig zeigt und warum er so bedrängend den Wunsch nach einem wirklichen Freund hat. Zur Hilfe können auch einzelne Textstellen im Gespräch vorgegeben werden:

1. Die Herrscherrolle

MARQUIS Don Philipp stirbt. Karl erbt das größte Reich
Der Christentheit – Ein ungeheurer Spalt
Reißt vom Geschlecht der Sterblichen ihn los,
Und Gott ist heut, wer gestern Mensch noch war.
Jetzt hat er keine Schwächen mehr. Die Pflichten
Der Ewigkeit verstummen ihm.
(I/9, V. 949–954)

Die Rolle des Herrschers legt Philipp Zwänge auf, da er von anderen Menschen abgehoben ist. Der Verzicht auf individuelle Bedürfnisse könnte ihn vereinsamen lassen, so daß er in seiner Rolle als König nicht mehr aufgeht.

2. Die Etikette

KÖNIGIN Ich habe
Ja die Infantin heut noch nicht gesehen.
Marquisin, bringen Sie sie mir.
OLIVAREZ *(sieht auf die Uhr)* Es ist
noch nicht die Stunde, Ihro Majestät.
KÖNIGIN
Noch nicht die Stunde, wo ich Mutter sein darf?
Das ist doch schlimm. Vergessen Sie es ja nicht,
Mich zu erinnern, wenn sie kommt.
(I/3, V. 462–468)

Elisabeth leidet unter der Etikette, da sie in ihrem menschlichen Bedürfnis, ihr Kind nach Belieben zu sehen, eingeschränkt ist. Es ist anzunehmen, daß die Etikette auch Philipp in seinem Wunsch nach menschlichen Beziehungen einschränkt. Er erreicht dann den Punkt, wo er dieses Bedürfnis nicht mehr unterdrücken kann.

3. Die Vater-Sohn-Beziehung

CARLOS Warum von tausend Vätern
Just ebendiesen Vater mir? Und ihm
Just diesen Sohn von tausend bessern Söhnen?
Zwei unverträglichere Gegenteile
Fand die Natur in ihrem Umkreis nicht.
Wie mochte sie die beiden letzten Enden
Des menschlichen Geschlechts – mich und ihn –
Durch ein so heilig Band zusammenzwingen?
Furchtbares Los! Warum mußt es geschehn?
Warum zwei Menschen, die sich ewig meiden,
In *einem* Wunsche schrecklich sich begegnen?
(I/2, V. 330–340)

Philipp hat keine Beziehung zum eigenen Sohn. Mehr noch: Carlos scheint ihn kategorisch abzulehnen, weil beide dieselbe Frau lieben. Vielleicht ist die fehlende Beziehung zum Sohn Ursache für Philipps Wunsch nach einem Freund.

4. Philipps Zweifel an der Treue seiner Frau

PHILIPP Ich heiße
Der reichste Mann in der getauften Welt;
Die Sonne geht in meinem Staat nicht unter –
Doch alles das besaß ein andrer schon,
Wird nach mir mancher andre noch besitzen.

Das ist mein eigen. Was der König hat,
Gehört dem Glück – Elisabeth dem Philipp.
Hier ist die Stelle, wo ich sterblich bin.
(I/6, V. 860–867)

Philipp gibt zu erkennen, daß ihn die Untreue seiner Frau menschlich verletzen würde – und Carlos liebt die Königin. Vielleicht hat er davon erfahren und fühlt sich verlassen und betrogen.

Hausaufgabe

Als Hausaufgabe lesen die Schüler den 2. Akt und gehen dabei der Frage nach, welche dieser möglichen Ursachen für Philipps Hilfsbedürftigkeit und seinem Wunsch nach einem Freund zutreffen.

Stundenziele

Die Schüler sollen,
- erkennen, daß sich Philipp in der offiziellen Darstellung als erhabener und mächtiger König von Gottes Gnaden begreift,
- erkennen, daß Schillers Philipp nach außen eine Rolle spielt, der er als schwacher und hilfloser Mensch nicht entspricht,
- mögliche Ursachen (mit dem 1. Akt als Textgrundlage) von Philipps Hilfsbedürftigkeit nennen.

4. Stunde: Philipp II. – Die Erfahrung der Einsamkeit am Hofe

Sachanalyse: Siehe 3. Stunde

Methodisch-didaktische Überlegungen

In dieser Stunde soll den Schülern anhand der ersten fünf Szenen des 3. Aktes klar werden, daß Philipp Gewißheit über die Treue seiner Frau sucht, dabei jedoch an der Servilität und Verlogenheit seiner Höflinge scheitert und aus der Erfahrung seiner menschlichen Einsamkeit heraus schließlich Posa zu seinem Vertrauten machen will.
Da die Schüler die Handlung nicht kennen, ist diese Stunde methodisch als Lesestunde aufgebaut. Die einzelnen Szenen können abwechselnd gemeinsam mit verteilten Rollen oder still gelesen werden.
Die Hausaufgabe läßt die Frage nach der Ursache von Philipps Not noch offen. Durch die stille Lektüre von III/1 wird sie am Anfang der Stunde definitiv beantwortet: Die Intrige Albas, Domingos und der Prinzessin von Eboli haben Philipp in quälende Zweifel an der Treue seiner Frau gestürzt (Phase 1).
Im Mittelpunkt der Stunde steht die Frage, wie Philipp vorgeht, um in diesem Punkt Sicherheit und Wahrheit zu finden. Die schrittweise Lektüre von III/2 bis III/4 zeigt, daß Philipps Ungewißheit nicht beseitigt, sondern noch vergrößert wird. Weder Lerma noch Alba und Domingo erweisen sich als die Vertrauten, die Philipp sucht. Zu der Ungewißheit über den Zustand seiner Ehe kommt die Erfahrung, als Mensch völlig isoliert zu sein inmitten devoter oder bloß machtpolitisch agierender Höflinge (Phase 2 und 3).
Am Ende der Stunde wird deutlich, daß Philipp den ersehnten ehrlichen Vertrauten und Freund nur außerhalb des Hofes finden kann. Die stille Lektüre von III/5 zeigt, daß er durch Losentscheid auf Posa stößt. Trotz seiner Verdienste hat Posa nie um die Gunst des Königs gebuhlt. Gerade nach der Erfahrung mit seinen Höflingen vermutet Philipp deswegen in ihm einen ehrlichen und vertrauenswürdigen Menschen (Phase 4).
In ihrer Hausaufgabe setzen die Schüler die Lektüre fort. Im Anschluß an das Er-

gebnis des Unterrichts wird der 3. Akt unter der Fragestellung *Erfüllt Posa die Erwartungen Philipps?* zu Ende gelesen.

Unterrichtsverlauf

Vorphase:

Besprechung der Hausaufgabe
Die eigentliche Ursache von Philipps seelischer Erschütterung wird durch die häusliche Lektüre des 2. Aktes zwar noch nicht geklärt, aber immerhin ergeben sich schon konkretere Anhaltspunkte.
Das Geschehen des 2. Aktes weist besonders darauf hin, daß Philipps Unruhe auf Zweifel an der Treue seiner Frau zurückgehen könnte. Die von Carlos verschmähte Prinzessin von Eboli plant mit Alba und Domingo, in Elisabeths Schatulle nach angeblichen Beweisstücken für eine unerlaubte Beziehung von Carlos und Elisabeth zu suchen.
So läßt sich vermuten, daß Philipp durch diese Intrige in seine Verunsicherung gestürzt wurde.

Phase 1:
Die Ursache für Philipps Not

Die Frage nach der Ursache von Philipps Verunsicherung findet am Anfang der Stunde durch die stille Lektüre von III/1 ihre definitive Beantwortung. Bei der anschließenden Besprechung dieser Szene sollten folgende Fragen geklärt werden:
- In welchem Zustand befindet sich Philipp?
- Was ist die Ursache dafür?
- Ist Philipps Reaktion angemessen?
- Wie ist diese Überreaktion (psychologisch) zu erklären?

Im einzelnen ergibt sich:
- Philipp hat die ganze Nacht im Zustand völliger Verwirrung durchwacht. Gegen Morgen schreckt er auf und hat jedes Zeitgefühl verloren. Er wirkt ratlos, was seine vielen Fragen zeigen.
- Die Ursache für seinen Zustand sind *Papiere und ein Medaillon,* die laut Regieanweisung Schillers vor Philipp liegen. Es ist unschwer zu erraten, daß die Briefe und das Medaillon von Carlos stammen und von der Prinzessin von Eboli wie geplant aus der Schatulle Elisabeths gestohlen wurden. Somit wurde Philipp die ganze Nacht von Zweifeln an der Treue seiner Frau geplagt.
- Philipps Reaktion muß verwundern, weil die vor ihm liegenden „Beweisstükke" nichts über eine augenblickliche Beziehung von Carlos und Elisabeth aussagen. Die Briefe und das Medaillon stammen nämlich aus deren Verlobungszeit (vgl. IV/9, V. 3688–3705).
- Erklären läßt sich diese Überreaktion nur im Hinblick auf Philipps frühere Bemerkung, daß die Treue seiner Frau die Stelle sei, wo er verletzt werden könne. Es bedurfte nur eines geringen Anlasses, daß Philipp seine Gattin für unehrlich hält und an ihrer aufrichtigen Treue zweifelt. Daß Elisabeth Briefe und ein Medaillon von Carlos heimlich aufbewahrt, ohne Philipp davon etwas gesagt zu haben, reichte bereits aus.

Abschließend wird die Frage aufgeworfen, auf welche Weise Philipp Gewißheit erhalten könnte. Es wäre beispielsweise möglich, daß er Carlos und Elisabeth noch genauer überwachen ließe oder sich um eine klärendes Gespräch mit beiden bemühte, usw.
Die Vorschläge der Schüler können unkommentiert gesammelt werden, da es lediglich darum geht, Neugierde auf den Fortgang der Handlung zu erzeugen.

Phase 2:
Philipp auf der Suche nach Wahrheit:
Lerma

Wie Philipp vorgeht, zeigen die nächsten Szenen. Philipp wendet sich an die ihm nahestehenden Höflinge, zunächst an Lerma. Die entsprechende Szene III/2 wird mit verteilten Rollen gelesen. Im anschließenden Unterrichtsgespräch sollten folgende Punkte angesprochen werden:
- Warum ruft Philipp nach Lerma?
- Welche Erfahrung macht Philipp im Gespräch mit Lerma?
- Warum läßt er am Ende Alba rufen?
- An wen könnte er sich außer Alba noch wenden? (Wer genießt noch sein Vertrauen?)

Im einzelnen ergibt sich:
- Lerma ist Oberster der Leibwache, also die Person, die den König täglich umgibt. Lerma soll eine Verstärkung der Wachen im Flügel der Königin veranlassen: In Vermengung von Wahn und Wirklichkeit sah Philipp dort ein Feuer, wohl ein Symbol für Elisabeths entflammte Liebe zu Carlos.
- Von Lerma kann Philipp nichts erfahren. Lerma ist Philipp immer nur als Untertan begegnet, für den eine Schwäche und Hilflosigkeit des mächtigsten Herrschers der Welt unvorstellbar ist. Auf Philipps direkte Frage *Ich bin betrogen? Bin ich's? Ist es wahr?* reagiert Lerma lediglich mit einem erschrockenen *Mein großer, mein bester König.* Philipp muß schmerzhaft erfahren, daß sein Untergebener ihn immer nur als König und nicht als Mensch sieht.
- Nach dem Gespräch mit Lerma läßt Philipp Alba zu sich kommen. Von seinem engsten politischen Vertrauten erhofft er sich die wahrhaftige Auskunft eines Mannes (vgl. III/2, V. 2502–2509).
- Außer Alba könnte er sich noch an seinen Beichtvater Domingo wenden. Auch von ihm, dem er als gläubiger Katholik in der Beichte alles anvertraut, könnte er sich Hilfe in seiner menschlichen Not erhoffen.

Phase 3:
Philipp auf der Suche nach Wahrheit:
Alba und Domingo

Wie sich bereits im Gespräch mit Lerma abzeichnete, wendet sich Philipp nun an seinen politischen Ratgeber Alba und seinen Beichtvater Domingo, also an die Urheber der Intrige selbst.
Vor der Lektüre der entsprechenden Szenen III/3 und III/4 sollen die Schüler Vermutungen anstellen, was Philipp wohl von Alba und Domingo erfahren wird. Diese „Voraussagen“ sollten auch begründet werden. Es dürfte klar werden, daß Alba und Domingo konsequenterweise versuchen werden, die Verdachtsmomente gegen Carlos zu verstärken.
Nach diesem Vorgespräch dürften die Schüler auf den tatsächlichen Verlauf der beiden Gespräche Philipps gespannt sein. Zur Zeitersparnis empfiehlt es sich, die Szenen III/3 (Alba) und III/4 (Domingo) nicht nacheinander, sondern in Arbeitsteilung zu lesen: Der eine Teil der Klasse übernimmt III/3, der andere III/4. Die Schüler jeder Gruppe lesen ihre Szene still unter vorgegebenen Leitfragen und tragen das Ergebnis anschließend dem jeweils anderen Teil der Klasse vor.
Als Leitfragen werden an der Tafel vorgegeben:
- Wie geht Alba (Domingo) vor?
- Was erfährt Philipp von Alba (Domingo)?
- Erreicht Alba (Domingo) sein Ziel?

Beim Vortragen der Ergebnisse sollten folgende Punkte erwähnt werden:

Gruppe 1 (Szene III/3):
Alba gibt sich als besorgter Diener Philipps: Aus Rücksicht auf den König habe er bisher über Verdachtsmomente gegen Carlos geschwiegen. Als Philipp ihm Carlos' Briefe vorlegt, ist er über den „Rasenden“, der dem König solche Briefe zuspielt, empört. Philipp merkt, daß Alba über Hintergründe Bescheid weiß, und fordert ihn auf zu reden. Alba erzählt Philipp von der geheimen Unterredung Elisabeths und Carlos' in Aranjuez. Er erinnert Philipp auch daran, daß dessen Ehe mit Elisabeth vor allem zur Festigung guter Beziehungen zu Frankreich geschlossen wurde. Die Liebe, die Elisabeth erwartete, habe Philipp ihr nicht geschenkt. Dagegen verbinde sie mit Carlos die Harmonie der Neigung und der Jahre. Alba liefert somit nicht nur ein Indiz für eine Beziehung von Carlos und Elisabeth, sondern stellt ein solches Verhältnis auch als psychologisch plausibel dar. Durch seine Ausführungen erhärtet sich also zunächst einmal Philipps Verdacht gegen Carlos und Elisabeth, und Alba scheint sein Ziel zu erreichen.

Gruppe 2 (Szene III/4):
Domingo weicht anfangs auf indirekte Andeutungen aus: Philipp solle nicht in einer Angelegenheit weiterforschen, deren Aufdeckung ihm notgedrungen nur Unheil bringen könne. Seine Anschuldigungen formuliert Domingo unter Verweis auf angeblich im Volke umlaufende Gerüchte, wonach Philipp nicht der Vater seiner Tochter sein könne, weil er zum Zeitpunkt der Zeugung krank darniederlag. Allerdings schießt Domingo mit dieser Feststellung übers Ziel hinaus: Philipp entgeht nun nicht mehr, daß es Domingo weniger um die Wahrheit als vielmehr um die Diskreditierung des Thronfolgers geht. Die Geburt von Philipps Tochter hatte Domingo nämlich seinerzeit als Wunder Gottes gepriesen, nun führt er sie auf einen Ehebruch von Carlos und Elisabeth zurück. Damit erreichen die beiden Intriganten ihr Ziel nicht, vielmehr stehen sie am Ende von III/4 als unglaubwürdig da.

Zum Abschluß sollte festgehalten werden, welche Erfahrungen Philipp im Gespräch mit seinen Höflingen gemacht hat: Philipp hat die gesuchte Wahrheit nicht herausgefunden. Statt dessen mußte er erfahren, daß er als König nicht nur menschlich isoliert ist und von seiner Umgebung „am Absturz einer Hölle“ (III/4 V. 2784) allein gelassen wird, sondern daß Alba und Domingo ihn für ihre machtpolitischen Zwecke mißbrauchen wollen.

Phase 4: Philipps Wendung an die Vorsehung

Philipp hat erfahren, daß er an seinem Hof keinen aufrichtigen Vertrauten finden kann. Er sucht deshalb mit Hilfe der Vorsehung einen solchen „Freund“ und „Gehülfen“ von außerhalb. Das Los fällt auf den Marquis von Posa.
Der entsprechende Monolog III/5 wird still gelesen und seinem Inhalt nach von den Schülern in eigenen Worten wiedergegeben. Als Hilfestellung können folgende Fragen eingebracht werden:
- Wie geht Philipp jetzt vor?
- Was verspricht er sich von Posa?

Es ergibt sich:
- In seiner Not wendet sich Philipp jetzt an die Vorsehung („Vorsicht“). Sie bittet er um einen aufrichtigen Menschen, der ihm zur Wahrheitsfindung verhilft. Philipp blättert wahllos in einer Kartei, in der alle bedeutenden Granden Spaniens, z. T. mit Verdiensten, verzeichnet sind. Die Vorsehung soll ihm dabei die Hand führen und einen aufrichtigen Menschen finden lassen.

Nach einigem Blättern fällt Philipps Blick auf den Marquis von Posa, den er einstmals für größere Aufgaben vorgesehen hat.
- Posa hat einige Verdienste um die spanische Krone. Trotzdem hat er nie um die Gunst des Königs gebuhlt und scheint – im Gegensatz zu Philipps Höflingen – frei zu sein von Habsucht und Ehrbegierde. So vermutet Philipp in ihm einen aufrichtigen Menschen.

Hausaufgabe

Als Hausaufgabe lesen die Schüler den 3. Akt unter der Fragestellung *Erfüllt Posa die Erwartungen Philipps?* zu Ende.

Stundenziele

Die Schüler sollen
- die Ursache von Philipps seelischer Erschütterung herausfinden,
- beschreiben, welche Erfahrung über seine Situation Philipp bei der Suche nach Gewißheit macht,
- erklären, wieso der Weg zu Philipp für den Marquis von Posa frei wird.

5./6. Stunde: Philipp und Carlos – Der Vater-Sohn-Konflikt

Sachanalyse

Schiller hatte den *Don Carlos* ursprünglich als Familientragödie geplant, in welcher die Entzweiung von Vater und Sohn im Mittelpunkt stehen sollte. Diese ursprüngliche Konzeption wurde später zwar zugunsten der politischen Thematik modifiziert, doch bleibt der Konflikt von Vater und Sohn vor allem für die Dramenhandlung der ersten Akte mit entscheidend.
Die Entfremdung von Vater und Sohn beginnt bereits in der Vorgeschichte zum Stück: Carlos erfuhr eine Erziehung, die jede Liebe zum Vater zerstörte. Seit seiner Kindheit hat er ihn nur als grausamen Despoten in Erinnerung: „Kann ich dafür, wenn eine knechtische / Erziehung schon in meinem jungen Herzen / Der Liebe zarten Keim zertrat? – Sechs Jahre / Hatt' ich gelebt, als mir zum erstenmal / Der Fürchterliche, der, wie sie mir sagten, / Mein Vater war, vor Augen kam. Es war / An einem Morgen, wo er stehenden Fußes / Vier Bluturteile unterschrieb. Nach diesem / Sah ich ihn nur, wenn mir für ein Vergehn / Bestrafung angekündigt ward" (I/2 V. 309–318). Zudem verhinderte die alles reglementierende Etikette von Anfang an eine normale Beziehung: „Ich weiß ja nicht, was Vater heißt – ich bin / Ein Königssohn" (I/2, V. 193–194).
Eine spätere Annäherung wurde durch die extremen Charakterunterschiede von Carlos und Philipp unterbunden: Carlos ist ein stürmischer, heftig fühlender Jüngling, der für freiheitliche Ideen eintritt. Philipp hingegen wirkt in seiner Funktion als Oberhaupt eines despotischen Staates besonnen, hart und gefühllos (vgl. I/2, V. 330–338). Philipp vergrößerte sogar die Kluft zu seinem Sohn, indem er ihn nach der Rückkehr von Alcala von jeglicher Teilhabe an politischen Entscheidungen ausschloß. So klagt Carlos: „Sie selbst, / *Sie* schlossen mich, wie aus dem Vaterherzen, / Von Ihres Zepters Anteil aus" (II/2, V. 1134–1136). Statt des Sohnes haben Höflinge wie Alba und Geistliche wie Domingo das Sagen. Carlos wird sogar (wie er zu Domingo bemerkt) im Auftrage Philipps bespitzelt und überwacht (vgl. I/1,V. 107–115). Alba hatte den König vor angeblichen Putschplänen des Sohnes gewarnt (vgl. II/3, V. 1252–1254).

Endgültig entzweit wurden Vater und Sohn durch die Liebe zur selben Frau. Zur Festigung guter Beziehungen zu Frankreich nahm Philipp Carlos die Verlobte weg und heiratete sie selbst. Carlos schien sich mit dem Verlust Elisabeths abgefunden zu haben, doch nach der Rückkehr aus Alcala entflammte seine Liebe zu ihr erneut. So sieht Carlos in der Liebe zur selben Frau den entscheidenden Grund für den Gegensatz zum Vater: „Furchtbares Los! Warum mußt' es geschehn? / Warum zwei Menschen, die sich ewig meiden, / In *einem* Wunsche schrecklich sich begegnen?" (I/2, V. 338–340)

Um so mehr muß es verwundern, daß es mit Beginn des 2. Aktes dennoch zu einem Gespräch und zu einer Annäherung von Carlos und Philipp kommt. Carlos Wunsch nach einer Unterredung mit dem Vater wurde von Posa und Elisabeth geweckt. Nach Posas Plan soll Carlos sich anstelle Albas den Oberbefehl über die Truppen erbitten, die Philipp zur Unterdrückung des Aufstandes in die Niederlande senden will. Von Carlos erhofft sich Posa eine Unterstützung des Freiheitskampfes. Elisabeth tritt für Posas politische Ziele ein und macht Carlos klar, daß dieser Plan auch ihrem Wunsch entspricht. So gelingt es, auch Carlos für das Vorhaben Posas zu gewinnen: „Ich bin entschlossen. Flandern sei gerettet. / Sie will es – das ist mir genug" (I/7, V. 901–902).

Obwohl Carlos das Gespräch mit Philipp nicht aus eigenem Antrieb sucht, ist es dennoch sein aufrichtiges Bedürfnis, sich mit dem Vater auszusöhnen. Gefühlvoll, mit überschwenglicher Wortwahl und „der Etikette bange Scheidewand" (II/2, V. 1058) mißachtend, bittet Carlos um Aussöhnung: Er möchte nicht den König, sondern den Vater für sich gewinnen und malt ihm das Glück aus, einen liebenden Sohn zu besitzen. Erst dann bringt er sein eigentliches Anliegen vor: Als Zeichen der Aussöhnung, der Würdigung und des Vertrauens solle Philipp ihm den Oberbefehl über die flandrischen Truppen geben.

Obwohl Philipp erkennt, daß Carlos sein Anliegen aufrichtig und ohne berechnenden Hintergedanken vorbringt, kann er seine Bitte nicht erfüllen. Gefühlsbetonte Annäherungen waren der Vater-Sohn-Beziehung immer fremd. Dem besonnenen Staatsmann Philipp muß der plötzliche Umschwung als würdelose Haltung erscheinen, die keinen standhaften Charakter verrät und eher einer Laune als einem reifen Gefühl entsprungen ist (vgl. II/2, V. 1067–1076). Zudem muß Philipp seinen Pflichten als König genügen: Das absolutistische Staatsprinzip verlangt eine gewaltsame Niederschlagung des Aufstandes der rebellierenden Niederländer. Carlos erscheint für diese Aufgabe kaum geeignet: Er ist zu unbesonnen (II/2, V. 1146–1147), zu jung (II/2, V. 1176–1177) und zu verweichlicht (II/2, V. 1181–1182). So scheinen sich in diesem Gespräch lediglich die bestehenden Gegensätze zu bestätigen: Philipp weist den Sohn von sich, und Carlos verläßt den Saal voller Wut.

Trotz seiner augenscheinlichen Erfolglosigkeit ist es Carlos jedoch gelungen, den Vater und Menschen in Philipp anzusprechen. Indem er sich als liebenden Sohn darstellte, machte er Philipp ungewollt die Einsamkeit auf dem Königsthron bewußt (vgl. II/2, V. 1107–1109 und V. 1129–1131). So ist Philipp bereit, die menschliche Annäherung anzunehmen. Zwar überläßt er Alba den Oberbefehl über die Truppen, teilt ihm jedoch zugleich mit, daß Carlos in Zukunft in die politischen Geschäfte einbezogen werde: „Ich will / Die Probe wagen, Herzog. Künftighin / Steht Carlos meinem Throne näher" (II/3, V. 1255–1257).

Die sich nun abzeichnende Aussöhnung

von Vater und Sohn wird jedoch durch die Intrige Albas, Domingos und der Prinzessin von Eboli im Ansatz unterbunden. Philipp muß befürchten, daß Carlos zu Elisabeth eine Liebesbeziehung unterhält. Statt einer Annäherung von Vater und Sohn spitzt sich der Konflikt entscheidend zu. Fände Philipp seinen Verdacht bestätigt, würde dies den Tod von Carlos und damit die Zerstörung der Familie bedeuten.

Tatsächlich scheint der Vater-Sohn-Konflikt so zu enden. Am Schluß des Stücks sagt sich Carlos vom Vater los. Eine natürliche Verbindung zu Philipp gibt es für ihn nicht mehr. Er ist bereit, den Freiheitskampf der Niederlande zu unterstützen und damit offen gegen Philipp vorzugehen (vgl. V/11, V. 5341–5347). Philipp wiederum will den Tod des eigenen Sohnes und übergibt Carlos der Inquisition.

Die Katastrophe der Vater-Sohn-Beziehung rührt jedoch nicht von der Intrige Albas und Domingos her. Zu diesem Zeitpunkt war Carlos nämlich vom Verdacht einer Liebesbeziehung entlastet. In einem abgefangenen Brief an Wilhelm von Oranien hatte Posa sich selbst bezichtigt, Elisabeth geliebt zu haben (vgl. V/3, V. 4685–4698). Philipp war deshalb sogar zu einer Aussöhnung mit dem zu Unrecht verdächtigten Carlos bereit: „Komm in die Arme deines Vaters“ (V/4, V. 4741). Philipp ließ jedoch Posa wegen dessen Vertrauensbruchs erschießen, und für Carlos ist der Vater nurmehr der Mörder seines einzigen Freundes. Damit ist für ihn eine Aussöhnung unmöglich geworden: „Dein / Geruch ist Mord. Ich kann dich nicht umarmen“ (V/4, V. 4741–4742). Zur Katastrophe für Carlos kommt es, weil er sich verpflichtet fühlt, die politischen Ziele seines Freundes weiterzuführen (vgl. V/11, V. 5294–5297). Carlos will in die Niederlande entfliehen und sich an die Spitze der Aufständischen stellen. Er wird jedoch auf „frischer Tat“ ertappt, als er Abschied von Elisabeth nimmt.

Philipp wiederum übergibt den Sohn der Inquisition nicht nur wegen des geplanten Hochverrats, sondern auch aus ganz persönlichen Gefühlen der Enttäuschung und Rache. Carlos hatte ihm erklärt, daß Posa für ihn, den Freund, und die Verwirklichung ihrer gemeinsamen politischen Ziele gestorben sei. Philipp dagegen sei nur Werkzeug von Posas geheimen Plänen gewesen (vgl. V/4, V. 4792–4804).

Allerdings durchschaut Philipp, daß auch Carlos für Posa nur Mittel zum Zweck war und daß sich Posa weniger für den Freund als für seine politischen Ziele geopfert hat. Er erkennt auch, daß Posa für die Verwirklichung seiner Ideale nicht auf den König, sondern nur auf den Thronfolger setzen konnte (vgl. V/9, V. 5057–5071). Aber seine Enttäuschung über den Vertrauensbruch Posas ist so groß, daß er sich nachträglich an ihm rächen will. Er beschließt, dessen politisches Vermächtnis auszulöschen und dabei jede freiheitliche Bewegung nur noch grausamer als bisher schon zu unterdrücken. Mit Carlos, der entscheidenden Schachfigur in Posas Plänen, will er beginnen: „Seine (Posas) Tugend / Sei eines Träumers Hirngespinst gewesen. / Er sei gestorben als Tor. Sein Sturz / Erdrücke seinen Freund und sein Jahrhundert! / Laß sehen, wie man mich entbehrt. Die Welt / Ist noch auf einen Abend mein. Ich will / Ihn nützen, diesen Abend, daß nach mir / kein Pflanzer mehr in zehen Menschenaltern / Auf dieser Brandstatt ernten soll. Er brachte / Der Menschheit, seinem Götzen, mich zum Opfer; / Die Menschheit büße mir für ihn! – Und jetzt – / Mit seiner Puppe fang ich an“ (V/9, V. 5078–5089).

Somit führt der Vater-Sohn-Konflikt nicht aus sich selbst heraus zur Katastrophe, sondern vor allem durch das Hinzutreten des Marquis von Posa.

Methodisch-didaktische Überlegungen

In der vorausgehenden Stunde wurde Philipps menschliche Isolation am Hofe deutlich. Diese Vereinsamung muß aber unverständlich erscheinen, wo er doch mit Carlos einen erwachsenen und offensichtlich befähigten Sohn und Thronfolger zu besitzen scheint. Die Frage nach den Ursachen dieses Widerspruchs führt zum Thema der Doppelstunde, dem Vater-Sohn-Konflikt.

Der Chronologie im Stück entsprechend erfolgt die Behandlung des Vater-Sohn-Konfliktes in folgenden Abschnitten:

- Die gestörte Vater-Sohn-Beziehung in der Vorgeschichte zum Stück (Phase 1);
- Carlos' Versuch der Annäherung (Phase 2);
- Das Gespräch von Philipp und Carlos (Phase 3);
- Philipps Bereitschaft zur Aussöhnung und die Intrige der Eboli, Albas und Domingos (Phase 4).

Der Unterricht kann bis hierher an die Lektürekenntnisse der Schüler anknüpfen. Die letzten beiden Akte sind dagegen noch nicht gelesen, so daß den Schülern weder die endgültige Katastrophe in der Vater-Sohn-Beziehung bekannt ist, noch die Umstände, die dazu führen. Es erscheint deshalb sinnvoll, im Unterricht den Ausgang des Stücks vorwegzunehmen und durch die häusliche Lektüre den Weg zu diesem Ende rekonstruieren zu lassen. Durch die Lektüre des Dramenschlusses wird erkennbar, daß sich Carlos vom Vater lossagt und sich auch politisch offen gegen ihn stellt, daß Philipp dagegen seinen Sohn der Inquisition zur Hinrichtung übergibt (Phase 5).

Um zu verstehen, wie es zu diesem – im herkömmlichen Sinne – tragischen Schluß kommt, lesen die Schüler zu Hause den 4. und 5. Akt und beantworten schriftlich die Fragen *Warum sagt sich Carlos vom Vater los?* und *Warum übergibt Philipp den Sohn der Inquisition?*

Unterrichtsverlauf

Vorphase:
Besprechung der Hausaufgabe

Als Resultat der Hausaufgabe ergibt sich: Philipps Erwartungen an Posa scheinen sich zu bestätigen. Während einer Audienz mit den spanischen Granden bringt Philipp das Gespräch auf Posa und hört aus dem Munde Lermas, Ferias und Albas nur lobende Worte. Daraufhin lädt Philipp Posa vor sich. Posa tritt selbstbewußt und mutig vor den König, ohne zu heucheln oder um dessen Gunst zu buhlen. Gerade deswegen muß Philipp nach seinen Erfahrungen mit Lerma, Alba und Domingo in Posa einen aufrichtigen Menschen sehen. So macht Philipp Posa zu seinem Vertrauten, der ihm auch Klarheit über eine mögliche Beziehung von Carlos und Elisabeth verschaffen soll.

Phase 1:
Die Vorgeschichte

Philipp hat sich mit Posa einen Vertrauten von außerhalb geholt. Es erhebt sich die Frage, warum nicht der eigene erwachsene Sohn diese Vertrauensposition innehat. Im Unterrichtsgespräch werden die Gründe für die Störung des Vater-Sohn-Verhältnisses angesprochen. Sie liegen bereits in der Vorgeschichte des Stücks. Soweit nötig, können einzelne Textstellen vorgegeben werden. Unter Bezug auf die in der Exposition des Stücks zu findenden Passagen ergeben sich folgende Ursachen:

1. Die Etikette

CARLOS Ich weiß ja nicht, was Vater heißt – ich bin
Ein Königssohn
(I/2, V. 193–194)

Die Etikette am spanischen Hof hat von Anfang an eine normale Vater-Sohn-Beziehung verhindert.

2. Die knechtische Erziehung

CARLOS *Kann ich dafür, wenn eine knechtische*
Erziehung schon in meinem jungen Herzen
Der Liebe zarten Keim zertrat? – Sechs Jahre
Hatt' ich gelebt, als mir zu erstenmal
Der Fürchterliche, der, wie sie mir sagten,
Mein Vater war, vor Augen kam. Es war
An einem Morgen, wo er stehenden Fußes
Vier Bluturteile unterschrieb. Nach diesem
Sah ich ihn nur, wenn mir für ein Vergehen
Bestrafung angekündigt ward –
(I/2, V. 309–318)

Carlos wurde von Philipp sehr streng erzogen. Der Vater erschien ihm immer nur als grausamer Despot. So wurde bereits in der Kindheit jegliche Liebe zum Vater zerstört.

3. Wesensunterschiede

CARLOS Warum von tausend Vätern?
Just ebendiesen Vater mir? Und ihm
Just diesen Sohn von tausend bessern Söhnen?
Zwei unverträglichere Gegenteile
Fand die Natur in ihrem Umkreis nicht.
Wie mochte sie die beiden letzten Enden
Des menschlichen Geschlechtes – mich und ihn –
Durch ein so heilig Band zusammenzwingen?
(I/2, V. 330–337)

Carlos und Philipp unterscheiden sich in ihrem Wesen. Carlos ist ein stürmischer, heftig fühlender Jüngling, der für freiheitliche Ideen eintritt. Philipp hingegen wirkt in seiner Funktion als Oberhaupt eines despotischen Staates besonnen, hart und gefühllos.

4. Die Liebe zur selben Frau

CARLOS Sie waren mein – im Angesicht der Welt
Mir zugesprochen von zwei großen Thronen,
Mir zuerkannt von Himmel und Natur,
Und Philipp, Philipp hat mir Sie geraubt.
(I/5, V. 671–674)

Carlos und Elisabeth waren verlobt. Zur Festigung guter Beziehungen zu Frankreich hat Philipp Carlos die Verlobte weggenommen und selbst geheiratet.

5. Carlos' Ausschluß von der Regierung

CARLOS Sie selbst
Sie schlossen mich, wie aus dem Vaterherzen,
Von Ihres Zepters Anteil aus. Bis jetzt,
Bis in diesen Tag – o war das gut, war's billig? –
Bis jetzt mußt' ich, der Erbprinz Spaniens,
In Spanien ein Fremdling sein, Gefangner
Aus diesem Grund, wo ich einst Herr sein werde.
(II/2, V. 1134–1140)

Philipp schloß Carlos von jeglicher Teilhabe an der Herrschaft aus. Als Grund können eventuell Carlos' politische Träumereien in Alcala vermutet werden.

6. Die Bespitzelung von Carlos

CARLOS O zu gut,
Zu gut weiß ich, daß ich an diesem Hof
Verraten bin – ich weiß, daß hundert Augen
Gedungen sind, mich zu bewachen, weiß,
Daß König Philipp seinen einz'gen Sohn
An seiner Knechte schlechtesten verkaufte
Und jede von mir aufgefangne Silbe
Dem Hinterbringer fürstlicher bezahlt,
Als er noch keine gute Tat bezahlte.
(I/1, V. 107–115)

Philipp läßt Carlos am Hof überwachen. Als Grund könnte vermutet werden, daß Philipp eine Liebesbeziehung von Carlos und Elisabeth für möglich hält. Naheliegender ist aber, daß Philipp nach einem Hinweis Albas befürchtet, Carlos trachte ihm nach dem Leben (vgl. II/3, V. 1252–1254).
An der Tafel wird in dieser Doppelstunde die Entwicklung der Vater-Sohn-Beziehung über das ganze Stück hin in groben Zügen festgehalten. Erstes Zwischenergebnis: Die Vater-Sohn-Beziehung ist zu Beginn des Stücks völlig abgebrochen (siehe Stundenblatt).

Phase 2:
Carlos' Wunsch nach Aussöhnung

Zu Beginn des 2. Aktes scheint es, als ob diese Gegensätze überbrückt werden könnten: Carlos bittet den Vater um Aussöhnung. Carlos äußert diesen Wunsch in der folgenden Textstelle, die vom Lehrer laut vorgelesen wird:

CARLOS Jetzt mein Vater wieder,
Jetzt wieder mein, und meinen besten Dank
Für diese Gnade – Ihre Hand, mein Vater –
O süßer Tag – Die Wonne dieses Kusses
War ihrem Kinde lange nicht gegönnt.
Warum von Ihrem Herzen mich so lange
Verstoßen, Vater? Was hab ich getan?
(II/2, V. 1039–1045)

Die Schüler ordnen den vorgelesenen Text aus ihrer Erinnerung in den Handlungsverlauf ein und erläutern, was an dieser Stelle passiert. Es handelt sich hier um ein Gespräch zwischen Carlos und Philipp, bei dem Carlos Philipp bewußt als Vater anspricht. Glücklich preist er die Gunst des Augenblicks, den Vater ganz für sich zu haben. Er klagt, bisher vom Vaterherzen verstoßen worden zu sein, und macht so den Wunsch nach Aussöhnung deutlich.
Es drängt sich die Frage auf, was geschehen ist, daß Carlos sich nach allem, was bisher passiert ist, mit dem Vater aussöhnen will. Im Unterrichtsgespräch ist aus der Handlung heraus zu erklären:
- Carlos trifft Posa wieder, den Freund aus der gemeinsamen Schulzeit in Alcala. Posa hat die dort entwickelte Vision einer freiheitlichen Staatsordnung im Gegensatz zu Carlos nicht aus den Augen verloren.
- Nach Posas Plan soll Carlos seinen Vater bitten, ihm anstelle Albas den Oberbefehl über die Truppen zu geben, die Philipp zur Unterdrückung des Aufstandes in die Niederlande schicken will.
- Elisabeth macht Carlos klar, daß sie wünscht, er möge diesem Plan entsprechen. Elisabeths Wunsch genügt Carlos, um zu seinem Vater zu gehen.
- Philipp hat kein Interesse an einem Gespräch unter vier Augen. Doch Carlos kann ihm eine Unterredung aufzwingen.

Als Ergebnis dieser Phase wird Carlos' Wunsch nach Aussöhnung an der Tafel notiert (siehe Stundenblatt).

Phase 3:
Das Gespräch zwischen Philipp und Carlos

Carlos hat mit seinem Wunsch nach Aussöhnung keinen Erfolg: Philipp weist ihn zurück und überläßt Alba den Oberbefehl über die Truppen. Um Philipps Gründe zu erkennen, wird nochmals II/2 (der Text dürfte den Schülern kaum genau genug in Erinnerung sein) gemeinsam mit verteilten Rollen unter folgenden Leitfragen gelesen:
- Was will Carlos erreichen? Auf welche Weise?
- Warum erfüllt Philipp seine Bitte nicht?

Während der Lektüre markieren die Schüler die einschlägigen Textstellen, auf die sie sich im anschließenden Unterrichtsgespräch stützen. Anzusprechen ist:

- Carlos artikuliert eingangs sein Bedürfnis, sich mit dem Vater auszusöhnen und ihm in Zukunft ein liebender Sohn zu sein, der in Philipp einen liebenden Vater findet. Er hat den Wunsch, die Position am Hofe einzunehmen, die im Augenblick „Mietlinge" wie Alba innehaben. Zugleich malt er Philipp alle die Vorteile aus, die er fände, wenn er ihn als liebenden Sohn annähme. Erst dann bittet er Philipp, ihm als Zeichen der Aussöhnung, der Würdigung und des Vertrauens den Oberbefehl über die Truppen zu geben.
  Carlos geht ohne Berechnung vor. Er selbst behauptet von sich, ein reines Herz zu haben, und Philipp attestiert ihm, sein Charakter verstehe nichts von Verstellungskünsten.
- Philipp erfüllt Carlos die Bitte aus mehreren Gründen nicht:
  a) Carlos nähert sich Philipp voller Gefühl. Philipp erscheint diese Haltung würdelos (V. 1039–1077).
  b) Philipp hält Carlos für zu unbesonnen (V. 1146–1147), zu jung (V. 1176–1177) und zu weich (V. 1181–1182), um ein solches Amt zu übernehmen. Das absolutistische Staatsprinzip verlangt nämlich eine brutale Unterdrückung des Aufstandes. Alba erscheint mit seiner Erfahrung als Feldherr, seiner Besonnenheit und seiner berüchtigten Härte dafür geeigneter.
  c) Philipp befürchtet (wohl noch unter dem Einfluß von Alba), Carlos werde das Heer gegen ihn selbst wenden (V. 1191–1193).
  d) In Philipps Augen ist der gefühlsbetonte Carlos zu labil. Man kann ihm in einer solchen Verfassung kein Heer anvertrauen (V. 1229–1231)
- Das Gespräch scheint die bestehenden Gegensätze zu bestätigen: Philipp weist Carlos zurück, und dieser verschwindet voller Wut. Das Ergebnis des Gesprächs von Vater und Sohn wird an der Tafel in kurzer Form festgehalten (siehe Stundenblatt).

Phase 4:
Die vorübergehende Annäherung von Vater und Sohn

Überraschend ist Philipps anschließende Reaktion auf das Gespräch: Er teilt Alba mit, daß er ihm den Oberbefehl überlasse, Carlos jedoch in Zukunft stärker in die Regierungsgeschäfte einbeziehen werde (vgl. III/3, V. 1236–1257). Philipp ist somit augenscheinlich zu einem Annäherungsversuch bereit.

Im Unterrichtsgespräch ist zu erörtern, ob sich durch das Gespräch etwas im Verhältnis von Vater und Sohn ändert. Gegebenenfalls kann II/3 kurz zu Hilfe gezogen werden. Wichtig ist es zu klären, warum Philipp jetzt doch überraschend zur Annäherung an Carlos bereit ist: Carlos ist es offensichtlich gelungen, im König den Vater anzusprechen. Er erwähnte die Einsamkeit des Herrschers auf den Königsthron, und Philipp reagierte betroffen (vgl. V. 1107–1109 und V. 1129–1131). Wohl in der Hoffnung auf menschliche Nähe ist Philipp zur Aussöhnung bereit. Philipps Bereitschaft wird an der Tafel notiert (siehe Stundenblatt).

Diese Annäherung von Vater und Sohn ist jedoch nur vorübergehend. Dies wird klar, wenn die Frage aufgeworfen wird, warum Philipp sich zu einem späteren Zeitpunkt (III/5) dennoch einsam fühlt, schien er doch in seinem Sohn einen Vertrauten zu finden. In diesem Zusammenhang ist die Intrige der Eboli, Albas und Domingos anzusprechen. Sie erstickt die Annäherung von Vater und Sohn im Kei-

me. Philipp muß auf einmal in Carlos den Rivalen fürchten. Statt einer Aussöhnung von Vater und Sohn spitzen sich die Gegensätze entscheidend zu.
Als Ergebnis wird an der Tafel festgehalten: Die Intrige der Eboli, Albas und Domingos erstickt die Annäherung im Keime (siehe Stundenblatt).

Phase 5:
Die Katastrophe der Vater-Sohn-Beziehung

Die Vater-Sohn-Beziehung endet mit der Katastrophe: Carlos sagt sich vom Vater los, und Philipp übergibt den Sohn der Inquisition. Dies wird deutlich bei der gemeinsamen Lektüre des entsprechenden Auszugs aus der letzten Szene (V. 5338–Schluß).
Obwohl die Schüler den 4. und 5. Akt nicht kennen, wird ihnen an dieser Stelle klar, daß sich Carlos von Philipp lossagt. Ausgestorben ist für ihn jedes Gefühl und jede natürliche Bindung an den Vater. Er will heimlich nach Flandern (Gent) entfliehen, sich den Aufständischen anschließen und offen gegen Philipp vorgehen. Philipp kommt ihm jedoch zuvor. Er ertappt Carlos auf „frischer Tat" und übergibt ihn der Inquisition.
Im Tafelanschrieb wird dieses Ende festgehalten (siehe Stundenblatt).

Hausaufgabe

Als Hausaufgabe lesen die Schüler das Stück (4./5. Akt) unter der Fragestellung *Warum sagt sich Carlos vom Vater los?* und *Warum übergibt Philipp den Sohn der Inquisition?* zu Ende.

Stundenziele

Die Schüler sollen
- den Verlauf des Vater-Sohn-Konflikts aus der Handlung heraus beschreiben,
- Gründe für die Störung der Vater-Sohn-Beziehung nennen,
- die Motive von Carlos' Annäherungsversuch beschreiben,
- erklären, warum die beginnende Annäherung nicht von Dauer ist,
- erkennen, daß der Vater-Sohn-Konflikt mit der Katastrophe endet.

7./8. Stunde: Der Marquis von Posa – Ein Verkünder der Aufklärung

Sachanalyse

In Schillers ersten Entwürfen zum *Don Carlos* tauchte Posa nur am Rande auf. Im Vordergrund standen das Familiengemälde aus fürstlichem Hause und Philipps menschliche Problematik. Während der Entstehung des Stücks verlagerte sich jedoch Schillers Interesse, und er brachte über die Figur des Marquis von Posa eine explizit politische Thematik in das Stück ein. Im ersten Brief über *Don Carlos* erklärt Schiller diese konzeptionelle Änderung: „Neue Ideen, die indes bei mir aufkamen, verdrängten die früheren; Carlos war in meiner Gunst gefallen, vielleicht aus keinem andern Grunde, als weil ich ihm in den Jahren zu weit vorausgesprungen war, und aus der entgegengesetzten Ursache hatte Marquis Posa seinen Platz eingenommen."
Posa ist die einzige fiktive Hauptgestalt im Stück. Schiller läßt ihn als Malteserritter auftreten, also als Angehörigen des Malteserordens, der aus dem Johanniterorden hervorgegangen ist. Die Johanniter zeichnet nach Schiller (vgl. sein Gedicht *Die Johanniter* und seine Ballade *Der*

Kampf mit dem Drachen) vor allem Demut aus. Jedes Ordensmitglied mußte auf persönliche Belange verzichten und sich ganz der Ordensregel unterwerfen. Daneben waren die Johanniter zum mildtätigen Dienst am Nächsten verpflichtet.

Auch Schillers Posa ist im eigentlichen Wortsinne demütig: Nie artikuliert er individuelle Bedürfnisse, vielmehr ordnet er sein ganzes Denken und Handeln höheren Zielen unter. Gleich beim ersten Auftreten im Stück nennt er sich „einen Abgeordneten der Menschheit" (I/2, V. 157) und macht damit deutlich, daß es ihm nicht um persönliche Ziele, sondern um die Belange aller Menschen, nämlich um ihre politische Befreiung geht. Auch Posa dient also seinem Nächsten. Denn mit der politischen Befreiung soll eine Wiederherstellung von „Menschenwürde" (III/10, V. 3092) und „Menschenglück" (III/10, V. 3047) verbunden sein.

Sein Ideal von Menschenwürde und Menschenglück will Posa im „kühnen Traumbild eines neuen Staates" (IV/21, V. 4280) verwirklichen. In diesem Staat soll es zwar noch einen Monarchen geben, doch „Bürgerglück / Wird dann versöhnt mit Fürstengröße wandeln" (III/10, V. 3152–3153). Die Gesellschaft wird zu einem harmonischen Ganzen, in dem das Zusammenleben von Freiheit, Gleichheit und Toleranz geprägt wird.

Posas Ideal einer konstitutionellen Monarchie wirkt allerdings verschwommen und hat keinen „realen politischen Gehalt" (Koopmann 1979, S. 104). Auch ist für sein Traumbild eines neuen Staates die Zeit noch nicht reif, wie er selbst bemerkt (vgl. III/10, V. 3078–3080). Doch ist er deswegen kein politischer Schwärmer, wie vielfach angenommen wird (vgl. Koopmann, a. a. O.). Bei der Verwirklichung seines Ideals vermag Posa durchaus realpolitisch zu denken und zu handeln: Er arbeitet konsequent am Sturz der spanischen Despotie, den er durch den erfolgreichen Freiheitskampf der Niederländer einzuleiten hofft. Dafür hat Posa in ganz Europa Verbündete mobilisiert, unter anderem England und die Türken (vgl. V/8, V. 4997–5004).

Posas „politische Philosophie" (Körner an Schiller, 19. Februar 1789), die er vor allem im Gespräch mit Philipp formuliert, hat auch Realitätsbezug: Schiller bringt mit ihr auf einer deutschen Bühne des ausgehenden 18. Jahrhunderts die aktuellen Gedanken der Aufklärung zu Gehör. In der Fachwissenschaft wird häufig angenommen, Schiller habe in der Hauptsache einen bestimmten aufklärerischen Philosophen rezipiert, etwa Rousseau (vgl. Böckmann 1955) oder Montesquieu (vgl. v. Wiese 1978, S. 260). Wie sich zeigen wird, ist in Posas Äußerungen jedoch die ganze Breite aufklärerischen Denkens eingearbeitet, wie sie von einer Vielzahl von Philosophen vertreten wurde.

Der Begriff *Aufklärung* umfaßt als geistesgeschichtliche Epochenbezeichnung das 17. und 18. Jahrhundert. In Mitteleuropa entstand aufklärerisches Denken zuerst in Holland (Spinoza), dann gegen Ende des 17. Jahrhunderts in England (Locke, Hume) und breitete sich von da in Frankreich (Descartes, Voltaire, Montesquieu, Rousseau) und Deutschland (Leibniz, Wolff, Thomasius, Kant) aus. Zwar ist die Aufklärung keine einheitliche Geistesbewegung, doch kommen alle Denker der Aufklärung darin überein, den vernunftbegabten Menschen (und nicht mehr Gott) in den Mittelpunkt philosophischer Überlegungen zu stellen. Alle auf religiöser oder politischer Autorität beruhenden Anschauungen müssen durch solche ersetzt werden, die sich aus der Anwendung der menschlichen Vernunft ergeben.

Nicht von ungefähr prägte die Aufklärung den Begriff vom „finsteren Mittelalter":

Gedanken der Aufklärung

Die Erzeugnisse der Natur bilden sich im allgemeinen stufenweise. Die Pflanzen entwickeln sich aus zarten Sprößlingen, die Tiere aus einem Zustande der Hilflosigkeit. Die letzteren, die sich bewegen, erweitern zugleich den Kreis ihrer Verrichtungen und ihrer Kräfte und zeigen einen Fortschritt sowohl in dem, was sie vollführen, wie in den Fähigkeiten, welche sie erwerben. Dieser Fortschritt ist beim Menschen größer als bei irgendeinem anderen Lebewesen. Nicht allein schreitet das Individuum von der Kindheit zur Mannheit fort, sondern auch die Gattung selbst vom Zustande der Wildheit zur Zivilisation (...) Wenn wir zugeben, daß der Mensch der Verbesserung fähig ist und in sich selbst das Prinzip des Fortschrittes und den Wunsch nach Vollendung trägt, erscheint es unrichtig zu sagen, daß er seinen Naturzustand verlassen habe, als er anfing fortzuschreiten, oder, daß er in eine Lage komme, für die er nicht bestimmt war, wenn er, gleich anderen Lebewesen, nur seinen Anlagen folgt und die Kräfte anwendet, die die Natur ihm gegeben hat.
Adam Ferguson (1723–1816) – Abhandlung über die Geschichte der bürgerlichen Gesellschaft

Der Mensch ist frei geboren, und überall liegt er in Ketten (...) Auf seine Freiheit verzichten heißt auf seine Eigenschaft als Mensch, auf seine Menschenrechte, sogar auf seine Pflichten verzichten. Wer auf alles verzichtet, für den ist keine Entschädigung möglich. Ein solcher Verzicht ist unvereinbar mit der Natur des Menschen; seinem Willen jegliche Freiheit nehmen heißt seinen Handlungen jegliche Sittlichkeit nehmen.
Jean-Jacques Rousseau (1712–1778) – Der Gesellschaftsvertrag

Wir halten folgende Wahrheiten für unmittelbar einleuchtend: daß alle Menschen gleich geschaffen sind, daß sie von ihrem Schöpfer mit gewissen unveräußerlichen Rechten ausgestattet sind, daß dazu Leben, Freiheit und das Streben nach Glück gehören.
Thomas Jefferson (1743–1826) – Amerikanische Unabhängigkeitserklärung

Um politische Gewalt richtig zu verstehen und sie von ihrem Ursprung abzuleiten, müssen wir erwägen, in welchem Zustand sich die Menschen von Natur aus befinden. Es ist ein Zustand vollkommener Freiheit, innerhalb der Grenzen des Gesetzes der Natur ihre Handlungen zu regeln und über ihren Besitz und ihre Persönlichkeit so zu verfügen, wie es ihnen am besten erscheint, ohne dabei jemanden um Erlaubnis zu bitten oder vom Willen eines anderen abhängig zu sein.
John Locke (1632–1704) – Zwei Abhandlungen über die Regierung

Eine moralische oder despotische Regierung bedarf zu ihrer Erhaltung oder Stütze keiner sonderlichen Rechtschaffenheit. Bei der einen ist es die Macht der Gesetze, bei der anderen der stets erhobene Arm des Fürsten, der alles in Ordnung und im Zaume hält. In einem Volksstaat bedarf es noch einer weiteren

Triebkraft, nämlich der Tugend (...) Die Tugend in einer Republik ist etwas sehr Einfaches, nämlich die Liebe zur Republik (...) Die Vaterlandsliebe erzeugt gute Sitten, und gute Sitten führen wieder zur Vaterlandsliebe. Je weniger wir unsere Sonderneigungen befriedigen, um so mehr widmen wir uns den Bestrebungen der Allgemeinheit.
Montesquieu (1689–1755) – Vom Geist der Gesetze

Was ist Tugend? Wohltat gegen den Nächsten. Kann ich etwas anderes Tugend nennen, als was mir wohltut? Ich bin arm, du schenkst; ich bin in Gefahr, du hilfst; ich werde betrogen, du sagst mir die Wahrheit; man läßt mich allein, du spendest mir Trost; ich bin unwissend, du bildest mich: ich nenne dich ohne weiteres tugendhaft (...) Wie denn? sollen nur jene Tugenden zählen, welche dem Nächsten nützlich sind? Nun, wie könnte ich andere gelten lassen? Wir leben in Gesellschaft; also gibt es nichts wahrhaft Gutes für uns, als was der Gesellschaft nützt. Ein Einsiedler mag genügsam und gottesfürchtig sein und ein Büßerhemd tragen: nun gut, er ist heilig; aber tugendhaft werde ich ihn nur dort nennen, wo seine Tugend ihn tätig und für andere Menschen nützlich werden läßt.
Voltaire (1694–1778) – Philosophisches Wörterbuch

Was ist Toleranz? Sie ist Menschlichkeit überhaupt. Wir sind alle gemacht aus Schwächen und Fehlern; darum sei erstes Naturgesetz, daß wir uns wechselseitig unsere Dummheiten verzeihen (...) Diese gräßliche Zwietracht, die schon so viele Jahrhunderte dauert, ist eine aufrüttelnde Lehre, uns wechselseitig unsere Irrtümer zu verzeihen. Der menschlichen Gattung schlimmstes Übel ist die Zwietracht, und deren alleiniges Heilmittel ist die Toleranz.
Voltaire (1694–1778) – Philosophisches Wörterbuch

Aufklärung ist der Ausgang des Menschen aus seiner selbst verschuldeten Unmündigkeit. Unmündigkeit ist das Unvermögen, sich seines Verstandes ohne Leitung eines anderen zu bedienen. Selbstverschuldet ist diese Unmündigkeit, wenn die Ursache derselben nicht am Mangel des Verstandes, sondern der Entschließung und des Mutes liegt, sich seiner ohne Leitung eines anderen zu bedienen. Sapere aude! Habe Mut, dich deines eigenen Verstandes zu bedienen! ist also der Wahlspruch der Aufklärung (...) Zu dieser Aufklärung aber wird nichts erfordert als Freiheit; und zwar die unschädlichste unter allem, was nur Freiheit heißen mag, nämlich die: von seiner Vernunft in allen Stücken öffentlichen Gebrauch zu machen.
Immanuel Kant (1724–1804) – Beantwortung der Frage, was ist Aufklärung?

(...); denn was die Vernunft betrifft – oder den Verstand – so möchte ich, zumal sie ja das einzige ist, was uns zu Menschen macht und von den Tieren unterscheidet, glauben, daß sie jeder ganz besitzt (...)
René Descartes (1596–1650), Von der Methode

Arbeitshinweis:
Erläutern Sie die folgenden Begriffe: Verstand, Fortschritt, Freiheit, Naturrecht, Naturzustand, Toleranz und Tugend!

Religiöser Wahn, Hexenverfolgung, Ketzerverbrennung durch die Inquisition, willkürliche nicht durch Vernunft legitimierte Herrschaft – all dies waren historische Erscheinungen, die vor den Richterstuhl der Vernunft gestellt wurden.
In seinem Gespräch mit Philipp formuliert Posa zentrale Gedanken und Postulate der Aufklärung. Begriffe wie *Verstand, Tugend* oder *Fortschritt* haben aber bis heute einen Bedeutungswandel erfahren. Zum besseren Verständnis der Forderungen der Aufklärung und damit auch der Äußerungen Posas erscheinen deshalb kurze Erläuterungen sinnvoll:

1. Verstand

Posa wirft Philipp vor, von der Würde des Menschen gering zu denken. Er kann sich dies nur so erklären: „Die Menschen zwangen Sie dazu; *die* haben / Freiwillig ihres Adels sich begeben, / Freiwillig sich auf diese niedre Stufe / Herabgestellt. Erschrocken fliehen sie / Vor dem Gespenste ihrer innern Größe, / Gefallen sich in ihrer Armut, schmücken / Mit feiger Weisheit ihre Kette aus, / Und Tugend nennt man, sie mit Anstand tragen“ (III/10, V. 3096–3103).
Der „Adel“ der Menschen und das „Gespenste ihrer innern Größe“ sind Umschreibungen menschlicher Vernünftigkeit. Vor allem durch die Hervorhebung von „freiwillig“ ist Posas Äußerung im Sinne der berühmten Kantischen Definition von Aufklärung („Aufklärung ist der Ausgang des Menschen aus seiner selbstverschuldeten Unmündigkeit“ – vgl. M 4) zu verstehen. In Anlehnung an die Kantische Forderung *Habe Mut, dich deines Verstandes zu bedienen* (vgl. M 4) glaubt Posa – wie alle Aufklärer – an die Kraft von Verstand und Vernunft, Probleme eigenständig lösen zu können – wenn die Menschen nur wollten.

Das Neue dieser aufklärerischen Position besteht nun nicht in der im Grunde banalen Behauptung, jeder Mensch besitze Verstand. Seit der Antike wird der Mensch übereinstimmend als *animal rationale,* d. h. als vernunftbegabtes Tier definiert. Vielmehr impliziert die behauptete Vernünftigkeit die Aufforderung an den Menschen, sich seines Verstandes auch zu bedienen.
Gelehrte des Mittelalters konnten im wissenschaftlichen Diskurs nur dann Anerkennung für ihre Behauptungen finden, wenn diese durch Autoritäten begründet wurden. Am geozentrischen Weltbild wurde beispielsweise entgegen aller mathematischen Beweise eines Kopernikus oder Keplers festgehalten, weil in der Bibel steht, die Sonne bewege sich um die Erde, und weil dies auch Aristoteles behauptet. Erst mit Descartes werden Verstand und Vernunft des Menschen Maßstab. Wahr ist für Descartes nicht, was eine Autorität behauptet, sondern nur das, was jeder vernünftige Mensch klar und deutlich einsieht und was sich im vernünftigen Diskurs bewährt. Alle auf religiöser oder politischer Autorität beruhenden Anschauungen sollen durch solche ersetzt werden, die sich durch Betätigung des Verstandes ergeben.

2. Fortschritt

Nach Ansicht Posas stellt sich Philipp vergeblich gegen die unaufhaltsame geschichtliche Entwicklung, gegen den Fortschritt, der die Gestalt der Welt verjüngt: „Und Sie hoffen, / Zu endigen, was Sie begannen? hoffen, / Der Christenheit gezeitigte Verwandlung, / Den allgemeinen Frühling aufzuhalten, / Der die Gestalt der Welt verjüngt? *Sie* wollen / Allein in ganz Europa – sich dem Rade / Des Weltverhängnisses, das unaufhaltsam / In vollem Lauf rollt, entgegenwerfen? / Mit

Menschenarm in seine Speichen fallen? / Sie werden nicht" (III/10, V. 3162–3171). Mit der Hoffnung auf einen „allgemeinen Frühling" der Menschheitsentwicklung gibt Posa den aufklärerischen Fortschrittsoptimismus wieder. Fortschritt wird in der Aufklärung als umfassende Entwicklung von Menschheit und Natur in der Richtung zum Besseren, Höheren und Vollkommeneren verstanden (vgl. Ferguson – M 4). Für die Menschheitsentwicklung bedeutet dies vor allem den optimistischen Glauben an die vollkommene Ausbildung von Vernunft und moralischen Fertigkeiten sowie eine damit verbundene humane Gesellschaftsordnung.

Einen solchen vom Menschen aktiv beeinflußten Fortschritt kennen Antike und Mittelalter nicht. Die Welt wurde als Schöpfung eines vollkommenen Gottes gedacht, und so mußte jede Entwicklung in einen bereits fertigen Schöpfungsplan eingelassen bleiben.

3. Freiheit

Zentral ist bei Posa die Forderung nach Freiheit. Beispielsweise bittet er Philipp um Gedankenfreiheit (III/10, V. 3216), vergleicht das despotische Spanien mit einem auf Freiheit begründeten Naturzustand (III/10, V. 3217–3219) und sieht eine humane Gesellschaftsordnung nur dann verwirklicht, wenn „der Freiheit / Erhabne, stolze Tugenden gedeihen" (III/10, V. 3248–3249).

Eine ähnlich wichtige Bedeutung hat der Freiheitsbegriff auch in der Aufklärung. Gab es im Mittelalter allenfalls eine von Gott zugestandene Freiheit, etwa die Freiheit zur Sünde, so steht im Mittelpunkt aufklärerischen Denkens der Glaube an die grundsätzliche Freiheit aller Menschen. Diese als angeboren verstandene Freiheit wird der tradierten Auffassung einer gottgewollten Ständeordnung entgegengesetzt. So heißt es bei Rousseau: „Der Mensch ist frei geboren, und überall liegt er in Ketten" (vgl. M 4). Absolutistischen Gesellschaftsordnungen fehlt somit die Daseinsberechtigung, weil sie dem einzelnen nicht ermöglichen, das zu tun, was er will und kann.

4. Naturrecht

Jeder Mensch hat für Posa unveräußerliche, „geheiligte" Rechte, die er in revolutionärem Aufbegehren einklagen kann. So sagt Posa zu Philipp: „Der Mensch ist mehr, als Sie von ihm gehalten. / Des langen Schlummers Bande wird er brechen / Und wiederfordern sein geheiligt Recht" (III/10, V. 3188–3190). Damit gibt Posa die aufklärerische Auffassung wieder, jeder Mensch besitze bestimmte unveräußerliche Rechte (z. B. Freiheit, Leben), die ihm von Natur aus zukommen und deshalb als Naturrechte bezeichnet werden.

In der Antike und im Mittelalter galt die aristotelische Auffassung, der Mensch sei von Natur aus gesellschaftliches Wesen (zoon politikon). Natürliche Daseinsform des Menschen war somit die Eingliederung in Gesellschaft. Um diese funktionsfähig zu erhalten, müssen dem einzelnen im Rahmen eines Rechtssystems bestimmte Aufgaben zugeteilt werden. In der mittelalterlichen Ständeordnung hatte etwa der eine zu arbeiten (Bauern), der andere zu beten (Klerus) und der dritte zu kämpfen (Adel).

Die Entstehung der bürgerlichen Gesellschaft machte jedoch deutlich, daß die alte ständische Ordnung keine naturhafte Gesellschaftsstruktur war. Gesellschaftliche Ungleichheit erschien den Vertretern der Aufklärung damit nicht mehr als natürlich. Vielmehr geriet das geltende, positive Recht in Widerspruch zu den als natürlich angesehenen, angeborenen Rechten

des einzelnen. Ausgehend von dieser Ideologiekritik setzte sich die Überzeugung durch, das natürliche Recht müsse aus der Individualität des Menschen, nicht aber aus seiner Gesellschaftlichkeit abgeleitet werden.
In der Aufklärung wurde damit das Naturrecht deutlich vom positiven Recht getrennt. Mit dem naturrechtlichen Argument glaubte man in begründeter Form die Rechtmäßigkeit despotischer Systeme bestreiten zu können.

5. Naturzustand

Posa kritisiert Philipps despotisches System, indem er eine Natur beschreibt, die – sich selbst überlassen – ein Ort von Frieden und Freiheit ist: „Sehen Sie sich um / In seiner herrlichen Natur! Auf Freiheit / Ist sie gegründet – und wie reich ist sie / Durch Freiheit! Er, der große Schöpfer, wirft / In einen Tropfen Tau den Wurm und läßt / Noch in den toten Räumen der Verwesung / Die Willkür sich ergetzen – *Ihre* Schöpfung, / Wie eng und arm“ (III/10, V. 3217–3224). Mit dieser Äußerung gibt Posa die Position eines Teils der aufklärerischen Philosophen wieder, wonach es vor allen organisierten Gesellschaftsformen und Staatsgebilden einen idealen Naturzustand des Menschen gab.
In der Antike und im Mittelalter wurde der Mensch von Natur aus als gesellschaftliches Wesen aufgefaßt. Eine anfängliche Vereinzelung erschien nicht denkbar. Erst in der Aufklärung tritt die Frage nach Möglichkeit und Beschaffenheit eines vorzivilen Stadiums menschlicher Entwicklung in den Vordergrund. Bezeichnend dafür ist das vielfache Interesse an Robinsonaden und Waldmenschen, also an Lebensformen außerhalb jeglicher Gesellschaft. Vereinzelt (z. B. von Hobbes) wurde dieses vorgesellschaftliche Leben zwar als Zustand der Barbarei, Recht- und Friedlosigkeit empfunden, doch die Mehrzahl aufklärerischer Philosophen (vor allem Rousseau und Locke – vgl. M 4) sah ebenso wie Posa im Naturzustand ein von Frieden und Freiheit bestimmtes menschliches Zusammenleben. Der Mensch lebte hier nur gemäß seiner noch unverdorbenen Natur und seiner ungetrübten Vernunft. So konnte der Naturzustand als mögliches Gegenbild zur Gesellschaftsform des Absolutismus in die kritische Argumentation eingebracht werden.

6. Toleranz

Posas Bitte um Gedankenfreiheit ist eine Forderung nach Toleranz. In der Gewährung fremder Meinungen und abweichenden Denkens sieht Posa weniger einen Schritt zur Liberalisierung einer Despotie als vielmehr die Neuschaffung einer humanen Gesellschaftsordnung: „Ein Federzug von dieser Hand, und neu / Erschaffen wird die Erde. Geben Sie / Gedankenfreiheit“ (III/10, V. 3214–3216).
Diese Hochschätzung der Toleranz ist genuin aufklärerisch (vgl. Voltaire – M 4) und geht in der Hauptsache auf geschichtliche Erfahrung zurück: Seit dem ausgehenden Mittelalter wütete die Inquisition in den von Spanien beherrschten Ländern. Jedes Denken, das die Autorität der Kirche und des katholischen Glaubens angriff, wurde brutal unterdrückt. Das 16. und 17. Jahrhundert war ferner beherrscht von Religionskriegen, die ein unvorstellbares Ausmaß an Leid über die Menschheit brachten. Solche Unmenschlichkeiten konnten nach Auffassung der Aufklärung in der Zukunft nur durch Toleranz, d. h. durch die Duldung anderer Glaubensrichtungen und anderen Denkens vermieden werden.

7. Tugend

Die Antike kannte mit Weisheit, Tapferkeit, Besonnenheit und Gerechtigkeit vier Kardinaltugenden, aus denen alle anderen Tugenden abgeleitet werden konnten. Das Mittelalter knüpfte zwar an diese Auffassung an, machte aber Glauben, Liebe und Hoffnung zu den eigentlichen Kardinaltugenden. Tugendhaftes Handeln war immer nur mit Blickrichtung auf Gott möglich: Nur der gläubige Mensch besaß Tugend, nicht aber der Freigeist, der seinen Nächsten liebt. So konnte es geschehen, daß das Ideal tugendhaften Lebens im demütigen und gottesfürchtigen Einsiedler oder Mönch gesehen wurde.

Von diesem Verständnis von Tugend spricht auch Posa, wenn er kritisch erwähnt, daß es Tugend genannt werde, wenn der Untertan sich willig einer gegebenen Ordnung unterwirft (vgl. III/10, V. 3099–3103). Für ihn jedoch habe Tugend eine andere Bedeutung, einen „eigenen Wert" (III/10, V. 3030). Nach seiner Auffassung müsse Philipp vor jeder Tugend zittern (III/10, V. 3226), und nur Freiheit bringe erhabne und stolze Tugenden hervor (III/10, V. 3249).

Was Posa mit *Tugend* meint, ist nur im Hinblick auf den zeitgenössischen Sprachgebrauch der Aufklärung zu verstehen. Tugendhaftes Handeln vollzieht sich demnach ausschließlich in der Gesellschaft. Nur der Mensch besitzt Tugend, der auf seinen Egoismus verzichtet und dem Nächsten dient. So heißt es bei Voltaire: „Ein Einsiedler mag genügsam und gottesfürchtig sein und ein Büßerhemd tragen: nun gut, er ist heilig; aber tugendhaft werde ich ihn nur dort nennen, wo seine Tugend ihn tätig für andere Menschen nützlich werden läßt" (M 4). Im Anschluß an den von Schiller bewußt rezipierten Montesquieu (vgl. Zehnter Brief über *Don Carlos*) wird *Tugend* sogar gleichbedeutend mit *republikanischer Tugend,* da Tugend als Dienst am Nächsten für Montesquieu nur in einer Republik möglich ist (vgl. M 4). So heißt es im zweiten Brief über *Don Carlos* zum Tugendbegriff Posas: „Alle Grundsätze und Lieblingsgefühle des Marquis drehen sich um *republikanische* Tugend."

Anders verwendet Schiller den Begriff im Zusammenhang mit Elisabeth. Im Anschluß an Aristoteles und die mittelalterliche Philosophie wird hier die Tugend als Mittleres zwischen zwei Extremen verstanden. So steht etwa die Besonnenheit als Tugend zwischen der Zügellosigkeit und der Gefühlsstumpfheit. In diesem Sinne wird Elisabeths Tugend als „schmale Mittelbahn des Schicklichen" (II/15, V. 2360) bezeichnet.

Aufklärerisches Denken kritisiert jede nicht durch Vernunft legitimierte Herrschaft. Damit hat die Aufklärung der Französischen Revolution den Boden bereitet (vgl. M 5). Wenn Schiller am Vorabend dieser bürgerlichen Revolution Gedanken der Aufklärung auf der Bühne darstellt, liegen seine Absichten mit dem Stück anscheinend offen: Über den spanischen Absolutismus wird der zeitgenössische Feudalismus in Deutschland kritisiert und einem bürgerlichen Aufbegehren das Wort geredet.

Doch Schillers Kritik am deutschen Feudalismus ist halbherzig. Sein Unbehagen wäre durch die Dramatisierung eines zeitgenössischen Stoffes deutlicher geworden. Indem sein Stück im fernen Spanien des 16. Jahrhundert spielt, überläßt er es dem Zuschauer, Parallelen zu ziehen. Schiller begründet die Wahl von Ort und Zeitpunkt des Handlungsgeschehens zwar damit, daß im despotischen Spanien die humane Qualität aufklärerischer Ideen durch ihre (anachronistische) Neuartigkeit deutlicher zum Vorschein komme (vgl. M 7).

Doch muß vermutet werden, daß er aus anderen Gründen bewußt die Dramatisierung eines zeitgenössischen Stoffes umging: Bei einer offenen Kritik am deutschen Feudalismus hätte der *Don Carlos* weder gedruckt noch aufgeführt werden können.

Diese Vermutung wird durch Schillers Rechtfertigung Philipps (siehe Sachanalyse 13. Stunde) bestätigt. Nicht das Oberhaupt eines absolutistischen Staates wird an den Pranger gestellt. Vielmehr machte Schiller eine im 18. Jahrhundert politisch nicht mehr relevante Institution, nämlich die Inquisition, für die Grausamkeit und Unmenschlichkeit der spanischen Despotie verantwortlich. Indem die Inquisition Gegenbild zu Posas politischen Vorstellungen wird, erfährt die Kritik am spanischen Absolutismus und damit auch am deutschen Feudalismus eine entscheidende Milderung.

Auch aufgrund seiner eigenen politischen Überzeugung mochte Schiller nicht offen einen Monarchen anklagen. Schiller ist kein politischer Revolutionär, der mit dem *Don Carlos* eine bürgerliche Republik propagieren will: „Eine gemäßigte Staatsform ist das Ideal, und im allgemeinen wird die Form einer konstitutionellen Monarchie bevorzugt“ (Jöns 1977, S. 82). Selbst in seinen Utopien kann sich Posa eine Gesellschaft nicht ohne Monarchen vorstellen (vgl. III/10, V. 3152–3153 und V. 3200–3201).

Als es zwei Jahre nach Erscheinen des *Don Carlos* in Frankreich zu einer bürgerlichen Revolution kam, reagierte Schiller ablehnend: „Der Versuch des französischen Volkes, sich in seine heiligen Menschenrechte einzusetzen und eine politische Freiheit zu erringen, hat bloß das Unvermögen und die Unwürdigkeit desselben an den Tag gebracht und nicht nur dieses Volk, sondern mit ihm auch einen beträchtlichen Teil Europens, und ein ganzes Jahrhundert, in Barbarei und Knechtschaft zurückgeschleudert. Der Moment war der günstigste, aber er fand eine verderbte Generation, die ihn nicht wert war und weder zu würdigen noch zu benutzen wußte. (. . .) Es waren also nicht freie Menschen, die der Staat unterdrückt hatte, nein, es waren bloß wilde Tiere, die er an heilsame Ketten legte. Hätte der Staat die Menschheit wirklich unterdrückt, wie man ihm Schuld gibt, so müßte man Menschheit sehen, nachdem er zertrümmert worden ist“ (Schiller an den Herzog Friedrich Christian von Augustenburg, 13. Juli 1793).

Methodisch-didaktische Überlegungen

In dieser Doppelstunde wird der politische Gehalt des *Don Carlos* thematisiert. Da die politische Thematik in der Hauptsache mit Posa verbunden ist, rückt zuerst diese Gestalt ins Blickfeld. Als motivierender Einstieg wird ausgehend vom Text untersucht, wie Posa am spanischen Hof gesehen wird, nämlich anfangs als Royalist, dann als Verräter an der spanischen Krone (Phase 1). Daran anknüpfend werden auf der Grundlage einschlägiger Textstellen Posas politische Ziele bestimmt, die ihn in den Augen der Hofmitglieder als Verräter erscheinen lassen (Phase 2). Im Mittelpunkt der beiden Stunden steht jedoch der Nachweis, daß die von Posa vorgetragenen Überzeugungen und Forderungen unmittelbar dem Gedankengut der Aufklärung entspringen. Nachdem sich die Schüler anhand von M 4 (Gedanken der Aufklärung) mit den Ideen dieser Epoche vertraut gemacht und die wichtigsten Begriffe des Aufklärungsdenkens definiert haben (Phase 3), werden Passagen aus Posas Gespräch mit Philipp gelesen. Die Entsprechungen der Gedanken Posas mit denen der Aufklärungsphilosophen

werden nun augenfällig und sind leicht nachweisbar (Phase 4).
Über die Erklärung der Gedanken Posas hinaus wird zum Abschluß der beiden Stunden (oder als Hausaufgabe) die Frage diskutiert, mit welcher Berechtigung und Absicht Schiller Gedanken und Forderungen der Aufklärung in einem Stück, das im 16. Jahrhundert spielt, auf die Bühne des 18. Jahrhunderts bringt. Zur Klärung werden auch Schillers eigene Überlegungen (M 5 – Aufklärung und bürgerliche Revolution) zu dieser Frage herangezogen (Phase 5).

Unterrichtsverlauf

Vorphase:
Besprechung der Hausaufgabe

Als Antwort auf die gestellten Fragen ergibt sich: Carlos sagt sich vom Vater los, weil dieser seinen vermeintlich besten Freund erschossen hat. Carlos glaubt, Posa habe sich geopfert, um ihn aus der Haft zu befreien und ihm die heimliche Flucht in die Niederlande zu ermöglichen. Nach dem Tod Posas kann Carlos in Philipp nicht mehr den Vater, sondern nur noch den Mörder seines Freundes sehen.
Philipp übergibt Carlos wegen dessen geplanten Hochverrats der Inquisition. Primär sind seine Motive aber persönlicher Natur: Philipp schenkte Posa sein Vertrauen, wurde aber hintergangen und betrogen. Aus tiefer menschlicher Enttäuschung heraus läßt er Posa erschießen. Als Carlos Philipp aufklärt, Posa habe sich für ihn, den Freund, und ihre gemeinsame Ideale geopfert, erkennt Philipp, daß er nur Mittel für Posas politische Zwecke war. Aus Rache will er Posas politisches Vermächtnis auslöschen. Mit Carlos, der entscheidenden Figur in Posas Plänen, will er beginnen.
Die Katastrophe der Beziehung von Carlos und Philipp rührt also nicht von einem isolierten Konflikt zwischen Vater und Sohn her, sondern ist allein durch das Hinzutreten Posas entstanden.

Phase 1:
Posa – Ein politischer Revolutionär

Als Einstieg werden zwei von Schiller parallel gestaltete Textstellen gemeinsam gelesen und miteinander verglichen. In ihnen geben jeweils Alba und Feria eine Charakterisierung des Marquis von Posa:

T_1:

ALBA, Marquis von Posa? – Recht! Das ist der kühne
Malteser, Ihro Majestät, von dem
Der Ruf die schwärmerische Tat erzählte.
Als auf des Ordensmeisters Angebot
Die Ritter sich auf ihrer Insel stellten,
Die Soliman belagern ließ, verschwand
Auf einmal von Alcalas hoher Schule
Der achtzehnjähr'ge Jüngling. Ungerufen
Stand er vor la Valette. „Man kaufte mir
Das Kreuz", sagt' er; „ich will es jetzt verdienen."
Von jenen vierzig Rittern war er einer,
Die gegen Piali, Ulucciali
Und Mustafa und Hassem das Kastell
Sankt Elmo in drei wiederholten Stürmen
Am hohen Mittag hielten. Als es endlich
Erstiegen wird und um ihn alle Ritter
Gefallen, wirft er sich ins Meer und kommt
Allein erhalten an bei la Valette.
Zwei Monate darauf verläßt der Feind
Die Insel, und der Ritter kommt zurück,
Die angefangnen Studien zu enden.
FERIA. Und dieser Marquis Posa war es auch,
Der nachher die berüchtigte Verschwörung
In Katalonien entdeckt und bloß
Durch seine Fertigkeit allein der Krone
Die wichtigste Provinz erhielt.
(III/7, V. 2899–2924)

T_2:

ALBA. Die Briefe lauten,
Daß Carlos binnen Mitternacht und Morgen
Madrid verlassen soll.

FERIA. Was?

ALBA. Daß ein Schiff
In Cadix segelfertig liege, ihn
Nach Vlissingen zu bringen – daß die Staaten
Der Niederlande seiner nur erwarten,
Die span'sche Ketten abzuwerfen.

FERIA. Ha!
Was ist das?

ALBA. Andre Briefe melden,
Daß eine Flotte Solimans bereits
Von Rhodus ausgelaufen – den Monarchen
Von Spanien, laut des geschloßnen Bundes,
Im Mittelländ'schen Meere anzugreifen.

FERIA. Ist's möglich?

ALBA. Ebendiese Briefe lehren
Die Reisen mich verstehn, die der Malteser
Durch ganz Europa jüngst getan. Es galt
Nichts Kleineres, als alle nord'schen Mächte
Für den Flamänder Freiheit zu bewaffnen.

FERIA. Das war er!

ALBA. Diesen Briefen endlich folgt
Ein ausgeführter Plan des ganzen Krieges,
der von der span'schen Monarchie auf immer
Die Niederlande trennen soll. Nichts, nichts
Ist übersehen, Kraft und Widerstand
Berechnet, alle Quellen, alle Kräfte
Des Landes pünktlich angegeben, alle
Maximen, welche zu befolgen, alle
Bündnisse, die zu schließen. Der Entwurf
Ist teuflisch, aber wahrlich – göttlich.

FERIA. Welch undurchdringlicher Verräter!
(V/8, V. 4977–5004)

Es ergeben sich zwei einander völlig widersprechende Bilder von Posa: Alba und Feria sahen in Posa immer nur einen tapferen, verwegenen Royalisten (so hatte er beispielsweise eine Verschwörung in Katalonien aufgedeckt). Sie müssen aber erkennen, daß sie sich in Posa getäuscht haben: Der vermeintliche Royalist entpuppt sich am Ende als politischer Revolutionär und ist in ihren Augen ein Verräter an der spanischen Krone. Er hat nämlich in ganz Europa (unter anderem in der Türkei und in England) Verbündete für die Unterstützung des Freiheitskampfes der Niederlande gesucht.

Phase 2:
Der politische Plan Posas

Alba und Feria sehen Posa als Verräter an der spanischen Krone. Daran anknüpfend ist nun zu fragen, welche politischen Ziele Posa verfolgt und wie er sie erreichen will. Die Schüler sollten folgende Punkte erwähnen: Posa geht es allgemein um die politische Befreiung aller Menschen von despotischer Herrschaft und um die Wiederherstellung von Menschenwürde und Menschenglück. Einerseits will er seine Ziele direkt über Philipp erreichen, indem er ihn um Gedankenfreiheit und damit um eine Liberalisierung Spaniens bittet. Andererseits geht er heimlich vor und unterstützt (mit Hilfe von Carlos und Elisabeth) den Freiheitskampf der Niederlande, der für ihn zum Sturz der spanischen Despotie beitragen kann.
Wichtig ist, daß die Schüler neben diesen konkreten Zielen auch den utopischen Charakter von Posas politischen Vorstellungen erkennen. Zu klären ist, was für einen Staat Posa anstrebt. Gegebenenfalls können dazu die folgenden Textstellen von einzelnen Schülern vorgelesen werden:

T_1:

Das Jahrhundert
Ist meinem Ideal nicht reif. Ich lebe
Ein Bürger derer, welche kommen werden.
(III/10, V. 3078–3080)

T_2:

Er mache –
O sagen Sie es ihm! – das Traumbild wahr,
Das kühne Traumbild eines neuen Staates,
Der Freundschaft göttliche Geburt.
(IV/21, V. 4278–4281)

T_3:

Sanftere
Jahrhunderte verdrängen Philipps Zeiten;
Die bringen mildre Weisheit; Bürgerglück
Wird dann versöhnt mit Fürstengröße wandeln,
Der karge Staat mit seinen Kindern geizen,

Und die Notwendigkeit wird menschlich
sein.
(III/10, V. 3150–3155)

T_4:

Der Bürger
Sei wiederum, was er zuvor gewesen,
Der Krone Zweck – ihn binde keine Pflicht
Als seiner Brüder gleich ehrwürd'ge Rechte.
(III/10, V. 3243–3246)

Es sollte klar werden, daß Posa hier von einem neuen Staat und einer neuen Gesellschaftsordnung träumt. Zwar gibt es in diesem Staat noch einen Monarchen, doch ist das Verhältnis von König und Untertan („Bürger") durch Freiheit, Gleichheit und Toleranz geregelt, so daß das menschliche Zusammenleben zu einem harmonischen Ganzen wird.

Phase 3:
Grundgedanken der Aufklärung

Posas Ideale sind Gedanken aus der Zeit Schillers, nämlich der Aufklärung. Den Schülern wird nun im einzelnen gezeigt, inwiefern Posa aufklärerisches Denken vertritt. Da die hierfür nötigen Kenntnisse über die Aufklärung nicht vorausgesetzt werden können, müssen die Schüler in dieser Phase zuerst mit den charakteristischen Merkmalen der Epoche bekannt gemacht werden.
Um einen globalen Überblick zu erhalten, sollte als Einstieg gesprächsweise umrissen werden, was unter *Aufklärung* zu verstehen ist. Aus früheren Klassenstufen dürfte noch bekannt sein: Die Aufklärung, eine geistesgeschichtliche Bewegung im 17. und 18. Jahrhundert, glaubt an die Vernünftigkeit aller Menschen. Sie richtet sich mit ihrer Vernunftkritik gegen kirchliche und religiöse Anschauungen. Geschichtliche Bedeutung hat die Aufklärung vor allem durch ihre politische Kritik am Absolutismus erlangt (Ggf. muß dieser kurze Überblick im Lehrervortrag erfolgen).
Danach werden wesentliche Grundgedanken der Aufklärung genauer erklärt. Die von Posa verwendeten Begriffe der Aufklärung haben mittlerweile einen Bedeutungswandel erfahren. Erst wenn sie in ihrer früheren Bedeutung verstanden sind, werden auch die Forderungen Posas verständlich.
In M 4 sind Textauszüge aus Werken bekannter Vertreter der Aufklärung zusammengestellt. Die Texte werden zuerst gemeinsam gelesen. Anschließend sollen die im Arbeitshinweis aufgeführten zentralen Begriffe der Aufklärung mit Hilfe von M 4 schriftlich erläutert werden. Zur Zeitersparnis kann dies auch arbeitsteilig erfolgen, wobei etwa der eine Teil der Klasse die eine Hälfte der Begriffe, der andere die übrigen untersucht. In jedem Fall sollten alle Erklärungen schriftlich festgehalten werden.
Folgende Ergebnisse sind anzustreben:

<u>Verstand</u>

Jeder Mensch besitzt Verstand (Descartes). Er muß lernen, sich nicht von anderen leiten zu lassen, und den Mut haben, sich seines eigenen Verstandes zu bedienen (Kant).

<u>Fortschritt</u>

Die Geschichte wie die Natur kennt eine Entwicklung zum Besseren und Vollkommenen (Ferguson).

<u>Freiheit</u>

Der Mensch ist frei geboren, und frei zu sein ist seine Grundeigenschaft (Rousseau). Freiheit heißt aber auch, die Möglichkeit zu haben, sich seines Verstandes zu bedienen und sich frei zu äußern (Kant).

<u>Naturrecht</u>

Jeder Mensch hat bestimmte unveräußerliche Rechte, die ihm von Natur aus zukommen (Jefferson).

Naturzustand
Der Naturzustand der Menschen war ein Zustand vollkommener Freiheit (Locke).

Toleranz
Toleranz in menschlichen Beziehungen ist Humanität überhaupt. Nur durch Toleranz ist eine menschenwürdige Gesellschaft möglich (Voltaire).

Tugend
Tugend ist die Eigenschaft, auf seinen Eigennutz zu verzichten und der Gesellschaft zu dienen (Voltaire). Sie wird mit der Republik in Verbindung gebracht (Montesquieu).

Phase 4:
Posa – Ein Verkünder der Aufklärung

Die zentralen Gedanken der Aufklärung werden von Posa im zweiten Teil seines Gesprächs mit Philipp vertreten. Nach der ausführlichen Vorbereitung in der vorausgehenden Unterrichtsphase sollten diese Begriffe unschwer in den Worten Posas wiedererkannt werden können. Die entsprechende Passage des Dialogs in III/10 wird ab V. 3091 bis V. 3295 noch einmal mit verteilten Rollen gemeinsam gelesen. Dabei werden die Textstellen angestrichen, in denen Posa Gedanken der Aufklärung vertritt. Anschließend werden diese Stellen gesprächsweise den vorher definierten Begriffen zugeordnet. Noch besser wäre es, wenn die gemeinsame Lektüre immer sofort unterbrochen würde, sobald ein Schüler eine Zuordnung erkennen kann.
Im einzelnen könnten folgende Zuordnungsmöglichkeiten gefunden werden:

1. Verstand

Ich höre, Sire, wie klein,
Wie niedrig Sie von Menschenwürde denken,
Selbst in des freien Mannes Sprache nur
Den Kunstgriff eines Schmeichlers sehen, und
Mir deucht, ich weiß, wer Sie dazu berechtigt.
Die Menschen zwangen Sie dazu; *die* haben
Freiwillig ihres Adels sich begeben,
Freiwillig sich auf diese niedre Stufe
Herabgestellt. Erschrocken fliehen sie
Vor dem Gespenste ihrer innern Größe,
Gefallen sich in ihrer Armut, schmücken
Mit feiger Weisheit ihre Ketten aus,
Und Tugend nennt man, sie mit Anstand tragen.
(V. 3091–3103)

Jeder Mensch besitzt Verstand („Adel“, „Gespenst innerer Größe“). Vom Menschen muß man gering denken, weil er („freiwillig“) darauf verzichtet, sich seines Verstandes zu bedienen.

2. Fortschritt

Sanftere
Jahrhunderte verdrängen Philipps Zeiten;
Die bringen mildre Weisheit; Bürgerglück
Wird dann versöhnt mit Fürstengröße wandeln,
Der karge Staat mit seinen Kindern geizen,
Und die Notwendigkeit wird menschlich sein.
(V. 3150–3155)

Und Sie hoffen,
Zu endigen, was Sie begannen? hoffen,
Der Christenheit gezeitigte Verwandlung,
Den allgemeinen Frühling aufzuhalten,
Der die Gestalt der Welt verjüngt? Sie wollen
Allein in ganz Europa – sich dem Rade
Des Weltverhängnisses, das unaufhaltsam
In vollem Laufe rollt, entgegenwerfen?
Mit Menschenarm in seine Speichen fallen?
Sie werden nicht!
(V. 3162–3171)

Anknüpfend an den Geschichtsoptimismus der Aufklärung glaubt Posa, daß die Entwicklung hin zu einer humanen Gesellschaft historisch notwendig ist und auch von Philipp nicht aufgehalten werden kann.

3. Naturrecht

Der Mensch ist mehr, als Sie von ihm gehalten.
Des langen Schlummers Bande wird er brechen

Und wiederfordern sein geheiligt Recht.
(V. 3188–3190)

Nach Posa gibt es ein „geheiligt Recht“, also ein Recht, das jenseits aller positiven Rechtszustände unveräußerlich ist und in revolutionärem Aufbegehren eingeklagt werden kann.

4. Toleranz/Freiheit

Gehn Sie Europens Königen voran.
Ein Federzug von dieser Hand, und neu
Erschaffen wird die Erde. Geben Sie
Gedankenfreiheit –
(V. 3213–3216)

Posas Bitte um Gedankenfreiheit ist als Forderung nach Freiheit, vor allem aber als Forderung nach Toleranz zu verstehen. Er verspricht sich davon nicht nur einen Schritt hin zur Liberalisierung, sondern vor allem eine Neuordnung der Gesellschaft.

5. Naturzustand/Freiheit

Sehen Sie sich um
In seiner herrlichen Natur! Auf Freiheit
Ist sie gegründet – und wie reich ist sie
Durch Freiheit! Er, der große Schöpfer, wirft
In einen Tropfen Tau den Wurm und läßt
Noch in den toten Räumen der Verwesung
Die Willkür sich ergetzen – *Ihre* Schöpfung,
Wie eng und arm!
(V. 3217–3224)

Die von Zivilisation nicht verdorbene Natur ist für Posa ein Ort vollkommener Freiheit.

6. Freiheit/Tugend

Wenn nun der Mensch, sich selbst zurückgegeben,
Zu seines Werts Gefühl erwacht – der Freiheit
Erhabne, stolze Tugenden gedeihen –
Dann, Sire, wenn Sie zum glücklichsten der Welt
Ihr eignes Königreich gemacht – dann ist
Es Ihre Pflicht, die Welt zu unterwerfen.
(V. 3247–3252)

Nur als freier Staat kann Philipps Königreich den Menschen Glück bringen. Auch wird dann (republikanische) Tugend gedeihen, d. h. der Dienst am Nächsten und an der Gemeinschaft.

7. Freiheit

Nur *Sie* –
Darf ich es frei gestehen, großer König? –
Sie sehn jetzt unter diesem sanftern Bilde
Vielleicht zum erstenmal die Freiheit.
(V. 3288–3291)

Zentraler Gedanke bei Posa ist die Freiheit: Philipps Hochschätzung von Posa und seine Bereitschaft zur Milde gehen vor allem darauf zurück, daß Posa ihn vom Wert der Freiheit überzeugen konnte.

Phase 5: (evtl. Hausaufgabe)
Der Aufklärer Posa – Wegbereiter einer bürgerlichen Revolution

Abschließend ist zu klären, warum Schiller Posa aufklärerisches Denken in einem im 16. Jahrhundert spielenden Stück äußern läßt. Zur Beantwortung dieser Frage muß allerdings in einem ersten Schritt deutlich werden, welche politische Funktion aufklärerischem Denken zur Zeit Schillers beigemessen wird.
In M 5 wurden Texte von Schiller zusammengestellt, in denen er sich zur Aufklärung in diesem Sinne äußert und daneben sein Motiv für die Wahl des Stoffes nennt. Die Schüler lesen M 5 still und überlegen sich Antworten auf die beigefügten Arbeitshinweise. Im anschließenden Unterrichtsgespräch sollte erwähnt werden:
- Zur Zeit Schiller standen in der philosophischen Diskussion politische Themen, vor allem die politische Neugestaltung der Gesellschaft im Vordergrund.

M 5

Aufklärung und bürgerliche Revolution

Besonders aber ist es jetzt das politische Schöpfungswerk, was beinahe alle Geister beschäftigt. Die Ereignisse in diesem letzten Dezennium des achtzehnten Jahrhunderts sind für die Philosophen nicht weniger auffordernd und wichtig, als sie es sonst nur für den mithandelnden Weltmann sind. [. . .]
Eine geistreiche, mutvolle, lange Zeit als Muster betrachtete Nation[1] hat angefangen, ihren positiven[2] Gesellschaftszustand gewaltsam zu verlassen und sich in den Naturstand zurückzuversetzen, für den die Vernunft die alleinige und absolute Gesetzgeberin ist. [. . .]
Ehe diese Ereignisse eintraten, gnädigster Prinz, konnte man sich allenfalls mit dem lieblichen Wahne schmeicheln, daß der unmerkliche, aber ununterbrochene Einfluß denkender Köpfe, die seit Jahrhunderten ausgestreuten Keime der Wahrheit, der aufgehäufte Schatz von Erfahrung die Gemüter allmählich zum Empfang des Bessern gestimmt und so eine Epoche vorbereitet haben müßten, wo die Philosophie den moralischen Weltbau übernehmen und das Licht über die Finsternis siegen könnte. So weit war man in der theoretischen Kultur vorgedrungen, daß auch die ehrwürdigen Säulen des Aberglaubens zu wanken anfingen und der Thron tausendjähriger Vorurteile schon erschüttert ward. Nichts schien mehr zu fehlen als das *Signal* zur großen Veränderung und eine Vereinigung der Gemüter. Beides ist nun gegeben – aber wie ist es ausgeschlagen? (Schiller an den Herzog von Augustenberg, 13. Juli 1793)

Der Charakter des Marquis Posa ist fast durchgängig für zu idealisch gehalten worden; [. . .]
Ich kann also die Einwendungen, welche gegen die Natürlichkeit dieses Charakters gemacht werden, nicht anders verstehen, als daß in Philipps des Zweiten Jahrhundert kein Mensch so wie Marquis Posa gedacht haben konnte, – daß Gedanken dieser Art nicht so leicht, wie hier geschieht, in den Willen und in die Tat übergehen, – und daß eine idealische Schwärmerei nicht mit solcher Konsequenz realisiert, nicht von solcher Energie im Handeln begleitet zu werden pflege.
Was man gegen diesen Charakter aus dem Zeitalter einwendet, in welchem ich ihn auftreten lasse, dünkt mir vielmehr *für* als *wider* ihn zu sprechen. Nach dem Beispiel aller großen Köpfe entsteht er zwischen Finsternis und Licht, eine hervorragende isolierte Erscheinung. Der Zeitpunkt, wo er sich bildet, ist allgemeine Gärung der Köpfe, Kampf der Vorurteile mit der Vernunft, Anarchie der Meinungen, Morgendämmerung der Wahrheit – von jeher die Geburtsstunde außerordentlicher Menschen. Die Ideen von Freiheit und Menschenadel, die ein glücklicher Zufall, vielleicht eine günstige Erziehung in diese rein organisierte empfängliche Seele warf, machen sie durch ihre Neuheit erstaunen und würken mit aller Kraft des Ungewohnten und Überraschenden auf sie; selbst das Geheimnis, unter welchem sie ihr wahrscheinlich mitgeteilt wurden, mußte die Stärke ihres Eindrucks erhöhen. Sie haben durch einen langen ab-

nützenden Gebrauch das Triviale noch nicht, das heutzutage ihren Eindruck so stumpf macht; ihren großen Stempel hat weder das Geschwätz der Schulen[3] noch der Witz der Weltleute abgerieben. Seine Seele fühlt sich in diesen Ideen gleichsam wie in einer neuen und schönen Region, die mit allem ihrem blendenden Licht auf sie wirkt und sie in den lieblichsten Traum entzückt. Das entgegengesetzte Elend der Sklaverei und des Aberglaubens zieht sie immer fester und fester an diese Lieblingswelt; die schönsten Träume von Freiheit werden ja im Kerker geträumt. Sagen Sie selbst, mein Freund – das kühnste Ideal einer Menschenrepublik, allgemeiner Duldung und Gewissensfreiheit, wo konnte es besser und wo natürlicher zur Welt geboren werden als in der Nähe Philipps II. und seiner Inquisition?

(Zweiter Brief über *Don Carlos*)

1) Nation: = Frankreich
2) positiven: vorhandenen, gegebenen
3) Schule: Anhänger einer philosophischen Richtung

Arbeitshinweise:
- *In welchem Zusammenhang stehen Aufklärung und Französische Revolution?*
- *Mit welcher Absicht läßt Schiller Posa in seinem Stück aufklärerisches Denken äußern?*
- *Warum stellt Schiller Posa als Aufklärer nicht in einem zeitgenössischen, sondern in einem Stoff aus dem 16. Jahrhundert dar?*

Der kritischen Argumentation der Aufklärung war es gelungen, die Autorität kirchlicher Anschauungen zu untergraben. Eine in der Theorie bereits ausgearbeitete Humanisierung der Gesellschaft schien nur eine Frage der Zeit. Die Französische Revolution mußte in Deutschland dann als Signal erscheinen, aufklärerisches Denken (wie bereits in Frankreich) in politische Handlung umzusetzen.

- Der *Don Carlos* wurde am Vorabend der Französischen Revolution geschrieben. Es mußte somit brisant erscheinen, daß Schiller mit Posa einen Repräsentanten der Aufklärung auf die Bühne stellt, der über den Umsturz eines despotischen Systems und den Entwurf einer freiheitlichen Gesellschaftsordnung nachdenkt. Schiller geht es somit mit dem *Don Carlos* auch um die Kritik am deutschen Feudalismus und um die Verbreitung aufklärerischen Gedankenguts – vielleicht als Wegbereitung einer bürgerlichen Revolution.
  Gegebenenfalls kann im Lehrervortrag hinzugefügt werden, daß Schiller kein politischer Revolutionär war. Er kritisierte zwar den Absolutismus, wollte aber an seine Stelle keine Republik wie in Frankreich setzen. Schillers Ideal ist eine gemäßigte Staatsform, etwa eine konstitutionelle Monarchie.
- Die Kraft aufklärerischer Ideen muß in einem despotischen System, das Menschenwürde täglich mit Füßen tritt, besonders deutlich zum Vorschein kommen, vor allem dann, wenn diese Ideen

durch den Anachronismus neuartig und außergewöhnlich erscheinen (Hier könnte allerdings vermutet werden, daß Schiller mit der Wahl des Stoffes bewußt persönliche Risiken umgeht, welche die Darstellung des revolutionären Kampfes gegen den zeitgenössischen Absolutismus mit sich bringen würde). Im 18. Jahrhundert haben hingegen aufklärerische Ideen durch endlos geführte Diskussionen an Brisanz verloren. Deswegen ist für Schiller die Dramatisierung eines zeitgenössischen Stoffes denkbar ungeeignet.

Stundenziele

Die Schüler sollen
- beschreiben, wie Posa am spanischen Hof gesehen wird,
- seine politischen Ziele bestimmen,
- mit den Grundgedanken der Aufklärung bekannt gemacht werden,
- in Äußerungen Posas aufklärerisches Denken nachweisen,
- die Frage erörtern, mit welcher Absicht und Berechtigung Schiller Gedanken der Aufklärung in den *Don Carlos* einbaut.

9./10. Stunde: Posa und Philipp – Der als Mensch betrogene König

Sachanalyse

Posa war für Schiller nicht nur eine Kunstfigur, mit der er aufklärerisches Denken auf der Bühne darstellen wollte. Mit der Beziehung von Philipp und Posa konnte vielmehr auch ein Thema zu Ende geführt werden, das während der Entstehung des Werkes kurzzeitig im Vordergrund stand, nämlich die tragische Einsamkeit eines Monarchen, der Mensch sein will und dabei betrogen wird. Die ursprüngliche Bedeutung dieses Themas machte Schiller bereits in der Vorrede zum Abdruck des 1. Aktes in der *Rheinischen Thalia* deutlich: „Die Geschichte des unglücklichen Dom Karlos und seiner Stiefmutter, der Königin, ist eine von den interessantesten, die ich kenne, aber ich zweifle sehr, ob sie so rührend als erschütternd ist. (...) Wenn dieses Trauerspiel schmelzen soll, so muß es – wie mich deucht – durch die Situation und den Charakter König Philipps geschehen."
Obwohl in der weiteren Entstehungsgeschichte des *Don Carlos* die mit Posa verbundene politische Thematik in den Vordergrund rückte, blieb die Tragödie des Königs auch in der Endfassung erhalten. Das in den ersten Akten entwickelte menschliche Problem Philipps endet für ihn durch die Beziehung zu Posa mit der persönlichen Katastrophe. Wenn nun auch das Trauerspiel nicht mehr allein durch Philipp „schmilzt", so bleibt Philipps menschliche Problematik und die daraus entstehende Beziehung zu Posa ein wichtiges Thema des *Don Carlos*.
Zwar wird auch in der Fachliteratur darauf hingewiesen, daß Philipps Tragik sich vor allem in der Beziehung zu Posa vollzieht, doch fand die Frage wenig Beachtung, warum Philipp sich ausgerechnet von einem Menschen Freundschaft erhofft, der seinen Staat und damit indirekt auch ihn politisch bekämpft.
Verständlich erscheint Philipps Hoffnung noch, als er zum ersten Mal auf Posa stößt (III/5): Trotz einiger Verdienste um die spanische Krone hat dieser nie die Gunst des Königs gesucht. Gerade nach der Erfahrung mit seinen Höflingen kann Philipp in ihm deshalb einen aufrichtigen und uneigennützigen Menschen vermuten, zumal Posa zu diesem Zeitpunkt am spanischen

Hof noch als überzeugter Royalist gilt. Verwundern muß Philipps Verhalten allerdings, nachdem er Posa im persönlichen Gespräch kennengelernt hat (III/10). Posa war mit der Absicht in das Gespräch gegangen, Philipp von seinen politischen Vorstellungen zu überzeugen oder zumindest „eine Feuerflocke Wahrheit nur/In des Despoten Seele" (III/9, V. 2969–2970) zu werfen. Demzufolge bekannte er sich offen zu seinen politischen Ansichten, ohne allerdings den König überzeugen oder beeinflussen zu können. Obwohl er dessen politische Überzeugung nun kennt, macht Philipp Posa nun erstaunlicherweise zu seinem persönlichen Vertrauten. Durch diese Vertrauensstellung, verbunden mit der Vollmacht, sich am Hofe frei von der Etikette bewegen zu können, ergeben sich für Posa neue Wege zur Verwirklichung seines Planes. Gleichsam blind verschließt sich Philipp der Möglichkeit, daß Posa sein Vertrauen mißbrauchen könnte. Welche Erklärung gibt es dafür?

Auf der einen Seite ist Philipps persönliche Erwartung an den Menschen Posa bereits vor dem Gespräch so gefestigt, daß er sie unbedingt erfüllt sehen will. Deutlich wird dies in einer Audienz der spanischen Granden unmittelbar vor dem Gespräch mit Posa (III/6 und 7). Philipp verzeiht dem Herzog Medina Sidonia den Verlust der spanischen Flotte, die er in den Krieg mit England geschickt hat (Schiller hat den Untergang der Armada bewußt um 20 Jahre vorverlegt). Zum Erstaunen der anwesenden Granden zeigt sich Philipp damit erstmals als großmütiger und gütiger Herrscher. Allein schon die Erwartung des Menschen und Freundes in Posa läßt Philipp geradezu human denken und handeln.

Eine weitere Erklärung liegt in Posas Gesprächsverhalten: Posa will die Gunst des Zufalls nutzen und Philipp mit seinen freiheitlichen Anschauungen konfrontieren. Er hofft, bei Philipp zumindest einen Prozeß des Nachdenkens erreichen zu können (vgl. III/9). Posa ist sich zweifelsohne der Gefährlichkeit und der wahrscheinlichen Erfolglosigkeit dieses Unternehmens bewußt. Durch aufrichtiges und mutiges Auftreten hofft er, auf den König überzeugend und glaubwürdig zu wirken. Aber gerade durch dieses Auftreten bestätigt er dann ungewollt Philipps ganz anders gelagerte Hoffnung auf einen aufrichtigen und unbestechlichen Menschen (vgl. III/10, V. 2983–2988 und V. 3022–3023).

Zudem fühlt sich Philipp von Posa in seiner menschlichen Einsamkeit verstanden: Auch in Posas politischer Vision soll es noch einen König geben. Dessen Verhältnis zum Untertan wird allerdings durch Freiheit, Gleichheit und Toleranz geregelt. Philipp hingegen macht den Untertanen zur Marionette und muß nach Posas Ansicht gerade deswegen auf menschliche Nähe verzichten. Diese Einsamkeit eines despotischen, absolutistischen Herrschers erklärt Posa in seiner politischen Argumentation gleichsam nebenbei und spricht damit unbeabsichtigt Philipps augenblickliche Situation an (vgl. III/10, V. 3118–3122). Philipp fühlt sich so in seiner menschlichen Not verstanden. Posas politisches Denken schreckt ihn nicht mehr ab. Im Gegenteil: Als Posa ihm mitteilt, er sei der erste, der ihn von dieser Seite kenne, empfindet Philipp dies als besonderen Vertrauensbeweis (vgl. III/10, V. 3082–3084).

Posa bestätigt also Philipps Hoffnung auf einen aufrichtigen Menschen zweifach: Er buhlt nicht um die Gunst des Königs und spricht ihn als Menschen an. Gerade dadurch, daß Philipp sich in seinen persönlichen Erwartungen so umfassend bestätigt fühlt, mißt er dem politischen Denken Posas weniger Bedeutung bei. Gleichsam blind stürzt er sich in sein Verderben. Gegenüber dem Großinquisitor kann Philipp sein Verhalten nur so erklären: „Leidenschaft riß mich dahin (...) Ich sah in seine Augen (...) Micht lüstete nach einem Menschen" (V/10).

Posa handelt dann so, wie es von einem Idealisten zu erwarten ist, dem es in erster Linie um seine politischen Ziele geht: Er merkt, daß er bei Philipp mit seinem politischen Anliegen nichts erreichen kann, und zieht die Konsequenz: „Den König geb ich auf. Was kann ich auch/Dem König sein? In diesem starren Boden/Blüht keine meiner Rosen mehr" (IV/12, V. 4317–4319). Posa verfolgt nun den Plan, Carlos heimlich an die Spitze der Aufständischen in den Niederlanden zu stellen (vgl. IV/3, V. 3468–3477). Die Beziehung zu Philipp hat für ihn von da an nur noch den Sinn, Vollmachten zu erhalten, um sich im System der Etikette frei bewegen zu können. Vor allem will er Carlos vom Verdacht seiner Liebesbeziehung entlasten, um dessen Flucht in die Niederlande ungestört vorbereiten zu können. Posa gelingt es, die Prinzessin von Eboli als Intrigantin zu entlarven. Er legt dem König Carlos' Brieftasche mit der Einladung der Eboli an Carlos vor. Die „Beweise" der Eboli gegen Carlos werden damit als bloße Racheversuche offensichtlich (vgl. IV/12, V. 3842–3869). Carlos ist rehabilitiert und wieder frei von jedem Verdacht.

Als nach einer Reihe von Mißverständnissen Posa glaubt, Carlos verrate seine politischen Pläne und seine Liebe zu Elisabeth an die Prinzessin von Eboli, läßt er ihn zu dessen eigenem Schutz mit einer Blankovollmacht des Königs verhaften. Um Carlos den Weg für eine unbewachte Flucht nach Flandern zu sichern, will er ihn noch einmal und jetzt endgültig von jeglichem Verdacht befreien: Obwohl er damit seinen eigenen Tod in Kauf nimmt, schreibt Posa einen Brief an Wilhelm von Oranien, von dem er weiß, daß er abgefangen wird. Darin beschuldigt er sich, selbst die Königin zu lieben und den Verdacht auf Carlos gelenkt zu haben (vgl. V/3, V. 4685–4702).

Als Philipp den Brief erhält, weint er (vgl. IV/23, V. 4465–4466). Er fühlt sich von dem einzigen Menschen, dem er vertraut hat, hintergangen. Gerade seine Tränen zeigen, wie tief sein Schmerz über den Betrug Posas sein muß, hat er doch gegenüber Carlos Tränen als unwürdig abgelehnt (vgl. II/2, V. 1067–1068).

Nachdem Philipp Posa erschießen ließ, klärt ihn Carlos über den Brief auf: Posa sei nur für ihn, den Freund, und die Verwirklichung ihrer gemeinsamen Ideale gestorben (vgl. V/4, V. 4788–4810). Philipp erkennt nun, daß er lediglich „ein folgsam Werkzeug" von Posas politischen Plänen war. Aus tiefer persönlicher Enttäuschung heraus verschwindet der letzte Rest des Menschen in Philipp und weicht dem noch grausameren Despoten: „Er könnte sich verrechnet haben. Noch,/Noch bin ich. Habe Dank, Natur, Ich fühle/In meinen Sehnen Jünglingskraft. Ich will/Ihn zum Gelächter machen. Seine Tugend/Sei eines Träumers Hirngespinst gewesen./Er sei gestorben als Tor. Sein Sturz/Erdrücke seinen Freund und sein Jahrhundert!/Laß sehen, wie man mich entbehrt. Die Welt/Ist noch auf einen Abend mein. Ich will/Ihn nützen, diesen Abend, daß nach mir/Kein Pflanzer mehr in zehen Menschenaltern/Auf dieser Brandstatt ernten soll. Er brachte/Der Menschheit, seinem Götzen, mich zum Opfer;/Die Menschheit büße mir für ihn! – Und jetzt –/Mit seiner Puppe fang ich an" (V/9, V. 5075–5089).

Methodisch-didaktische Überlegungen

In diesen beiden Stunden wird das Verhältnis von Philipp und Posa aus der

Handlung heraus beschrieben. Dabei muß deutlich werden, daß die Beziehung zu Posa für Philipp im herkömmlichen Sinne tragisch enden muß: Philipp wählt ausgerechnet den Menschen zum Vertrauten, der seinen Staat politisch bekämpft und sein Vertrauen mißbraucht.
Da sich diese Tragik bereits mit der Wahl Philipps anbahnt, steht im Mittelpunkt der beiden Stunden die Frage, warum Philipp ausgerechnet seinen politischen Gegner zum Vertrauten macht.
Zu Beginn der Stunde wird besprochen, was eigentlich alles gegen Posa sprechen müßte (Phase 1). Verständlich wird Philipps rational kaum erklärbares Verhalten, wenn man sich noch einmal vor Augen führt, in welcher seelischen Situation er überhaupt auf Posa stößt. Daneben zeigt die Untersuchung der Audienzszenen III/6 und III/7, daß Philipp aus seinem seelischen Zustand heraus von Anfang an geradezu fatalistisch alle Hoffnung auf Posa setzt (Phase 2).
Die (arbeitsteilige) Analyse des Gesprächs von Philipp und Posa (III/10) ergibt schließlich, daß Philipp aus seiner positiven Voreingenommenheit heraus die Äußerungen Posas nur noch so zu verstehen bereit ist, wie er sie verstehen will: als Beweise für Posas Integrität (Phase 3).
Daß Philipp mit seiner Wahl Posas zum Vertrauten unweigerlich auf die Katastrophe hinsteuert, soll die Hausaufgabe erweisen, in der die Schüler beschreiben, wie Posa seine Vertrauensstellung gebraucht.

Unterrichtsverlauf

Phase 1: Philipps problematische (Freundes-)Wahl

Ausgehend von den letzten beiden Stunden, in denen Posas politische Ziele und Vorstellungen deutlich wurden, erhebt sich eine Frage, die zum Thema dieser Doppelstunde überleitet: Ist es nicht verwunderlich, daß Philipp ausgerechnet Posa zu seinem Vertrauten macht? (Was spricht gegen Philipps Hoffnungen?)
Hier sind vor allem Posas revolutionäre Ideen und Pläne anzusprechen. Posas Zielsetzungen richten sich gegen den Staat Philipps und damit indirekt auch gegen Philipp selbst. Zwar weiß der König anfangs nichts von Posas hochverräterischen Zielen, doch lernt er in einem Gespräch (III/10) dessen politische Überzeugungen in aller Ausführlichkeit kennen. Es muß unverständlich erscheinen, daß Philipp nach seiner Unterredung mit Posa jemanden zum Vertrauten macht, von dem er weiß, daß er seinen Staat und seine Amtsführung völlig ablehnt.
Vergleicht man schließlich noch die einander widersprechenden Erwartungen, die beide an ihre Beziehung knüpfen, wird der illusionäre Charakter von Philipps Hoffnungen vollends deutlich: Für Posa ist Philipp nur insoweit interessant, als er ihm zur Verfolgung seiner Ziele nützt. Dies macht nicht nur Posas ganzes Verhalten im nachhinein deutlich. Bereits unmittelbar vor dem Gespräch mit Philipp sagt er: „Den Zufall gibt die Vorsehung – Zum Zwecke/Muß ihn der Mensch gestalten – Was der König/Mit mir auch wollen mag, gleichviel! – Ich weiß/Was ich – ich mit dem König soll“ (III/9, V. 2965–2970).

Phase 2: Philipps positive Voreingenommenheit

Es drängt sich die Frage auf, wie Philipp trotz allem dazu kommt, ausgerechnet Posa zu seinem Vertrauten zu machen. Der erste Grund liegt in Philipps Voreingenommenheit für Posa.
Zuerst ist noch einmal zu klären, wie Philipp bei seiner Suche nach einem vertrau-

enswürdigen Menschen auf Posa stößt. Kurz werden die Resultate der 4. Stunde wiederholt: Philipp wünscht sich Wahrheit über eine mögliche Beziehung von Carlos und Elisabeth. In seinem von Heuchelei beherrschten Hofstaat findet er jedoch keinen vertrauenswürdigen Menschen. Durch einen von Gebeten begleiteten Losentscheid stößt er auf den Namen Posas. Dieser scheint alle von Philipp erhofften Charaktereigenschaften zu besitzen, die seine Höflinge nicht haben. So kann Philipp in ihm einen vertrauenswürdigen Menschen vermuten, zumal ihm dessen politisches Denken unbekannt ist.

Für Philipp ist bereits vor seinem Gespräch mit Posa ausgemacht, daß dieser der Mann seines Vertrauens sein muß. Wie sehr der König für den Marquis voreingenommen ist, zeigen die Audienzszenen III/6 und III/7, die gemeinsam gelesen werden. Anschließend ist im Unterrichtsgespräch zu klären, wie sich Philipp in dieser Audienz zeigt und wie sein Verhalten zu erklären ist: Philipp zeigt sich überraschend als milder und gütiger Herrscher. Er verzeiht dem Herzog Medina Sidonia sogar den Verlust der spanischen Flotte und hat nichts Wichtigeres zu tun, als nach dem Marquis Posa zu fragen. Philipps Milde geht ganz offensichtlich auf seine Erwartungen an Posa zurück. In der sicheren Hoffnung, einen vertrauenswerten Freund und Menschen zu finden, zeigt sich Philipp ebenfalls menschlich.

Phase 3:
Das Gespräch Philipps mit Posa

Philipps positive Voreingenommenheit wird auch durch die Unterredung mit Posa nicht mehr korrigiert. Im Gegenteil: Eine Untersuchung des Gesprächs von Philipp und Posa zeigt, daß der König immer wieder seine illusionären Erwartungen bestätigt sieht.

Wie kommt es, daß Posa die Erwartungen des Königs so voll bestätigt? Die Schüler äußern ihre Vermutungen, was an Posas Auftreten und an seinen Äußerungen auf Philipp Eindruck macht. Dies leitet zur genaueren Untersuchung der Szene III/10 über. Es gilt folgende Arbeitsanweisung: Markieren Sie die Äußerungen Posas, die besonderen Eindruck auf Philipp machen! (Achten Sie auf Schillers Regieanweisungen!). Da die Szene recht lang ist, die Schüler ihren Inhalt zudem schon ganz gut kennen dürften, ist eine vollständige gemeinsame Lektüre unnötig. Es empfiehlt sich vielmehr folgende Aufteilung: Der erste Teil der Szene (bis Vers 3091) wird unter der obigen Aufgabenstellung exemplarisch gemeinsam gelesen und besprochen. Anschließend übernimmt die eine Hälfte der Klasse den zweiten Teil des Gesprächs (V. 3092–3193), die andere den dritten (V. 3194–Schluß). Nach der stillen Bearbeitung der entsprechenden Passagen unter der vorgegebenen Aufgabenstellung trägt jede der beiden Gruppen der jeweils anderen die gefundenen Äußerungen Posas vor und erklärt ihre Wirkung auf Philipp.

Im einzelnen ergibt sich für die ganze Szene III/10:

T_1:

KÖNIG: Ich bin nicht gesonnen,
In meiner Diener Schuld zu stehn – Erbittet
Euch eine Gnade.
MARQUIS: Ich genieße die Gesetze.
KÖNIG: Dies Recht hat auch der Mörder.
MARQUIS: Wieviel mehr
Der gute Bürger! – Sire, ich bin zufrieden.
KÖNIG *(vor sich):*
Viel Selbstgefühl und kühner Mut, bei Gott!
(V. 2983–2988)

Posa gibt sich bescheiden und verzichtet auf jede Gunsterweisung Philipps. Den nur von buhlenden Höflingen umgebenen König muß dies beeindrucken.

T_2:

MARQUIS: – Ich kann nicht Fürstendiener
sein.
(Der König sieht ihn mit Erstaunen an)
Ich will
Den Käufer nicht betrügen, Sire.
(V. 3022–3023)

Posa bekennt offen, daß er nicht in Philipps Diensten stehen kann. Philipp ist erstaunt über diese an seinem Hofe gleichfalls ungewohnte Aufrichtigkeit.

T_3:

KÖNIG: Bin ich der erste,
Der Euch von dieser Seite kennt?
MARQUIS: Von dieser –
Ja!
KÖNIG: *(steht auf, macht einige Schritte und bleibt dem Marquis gegenüber stehen.)*
(V. 3082–3084)

Posa weiht Philipp (angeblich) als ersten in seine politischen Ideale ein. Philipp empfindet dies als besonderen Vertrauensbeweis und geht als Zeichen der menschlichen Annäherung auf Posa zu.

T_4:

MARQUIS: Da Sie den Menschen
Zu Ihrem Saitenspiel herunterstürzten,
Wer teilt mit Ihnen Harmonie?
KÖNIG: (Bei Gott,
Er greift in meine Seele!)
(V. 3119–3122)

Posa analysiert scharfsichtig die Einsamkeit eines absolutistischen Herrschers. Ungewollt spricht er damit auch Philipps persönliche Problematik an.

T_5:

MARQUIS: Sire!
Jüngst kam ich an von Flandern und
Brabant. –
So viele reiche, blühende Provinzen!
Ein kräftiges, ein großes Volk – und auch
Ein gutes Volk – und Vater dieses Volkes!
Das, dacht ich, das muß göttlich sein! – Da
stieß
Ich auf verbrannte menschliche Gebeine –
(Hier schweigt er still; seine Augen ruhen auf dem König, der es versucht, diesen Blick zu erwidern, aber betroffen und verwirrt zur Erde sieht)
(V. 3136–3142)

Posa schildert die Greueltaten der Inquisition in den Niederlanden. Da er Philipp in die Augen sieht, fühlt sich dieser als Mensch angesprochen und reagiert als solcher betroffen.

T_6:

MARQUIS: Schon flohen Tausende
Aus Ihren Ländern froh und arm. Der
Bürger,
Den Sie verloren für den Glauben, war
Ihr edelster. Mit offnen Mutterarmen
Empfängt die Fliehenden Elisabeth,
Und fruchtbar blüht durch Künste unsres
Landes
Britannien. Verlassen von dem Fleiß
Der neuen Christen, liegt Grenada öde,
Und jauchzend sieht Europa seinen Feind
An selbstgeschlagnen Wunden sich verbluten.
(Der König ist bewegt; der Marquis bemerkt es und tritt einige Schritte näher)
(V. 3171–3180)

Als Posa die Landflucht vieler Protestanten anspricht, gelingt es ihm wie zuvor, eine menschliche Betroffenheit bei Philipp hervorzurufen.

T_7:

MARQUIS:
Gehn Sie Europens Königen voran.
Ein Federzug von dieser Hand, und neu
Erschaffen wird die Erde. Geben Sie
Gedankenfreiheit. – *(Sich ihm zu Füßen werfend)*
KÖNIG: *(überrascht, das Gesicht weggewandt und dann wieder auf den Marquis geheftet):*
Sonderbarer Schwärmer!
(V. 3213–3216)

Posas ungewöhnliche Forderung nach Gedankenfreiheit hätte bei Philipp normalerweise eine heftige Ablehnung hervorgerufen. Posa hat ihn aber bereits so sehr beeindruckt, daß er in Philipps Augen nicht als politisch gefährlich, sondern als außergewöhnlicher Mensch erscheint.

T_8:

KÖNIG: Aber
Flieht meine Inquisition. – Es sollte
Mir leid tun –
MARQUIS: Wirklich? Sollt' es das?
KÖNIG: *(in seinem Anblick verloren):* Ich habe
Solch einen Menschen nie gesehen. – Nein,
Nein, Marquis! Ihr tut mir zuviel. Ich will
Nicht Nero sein. Ich will es nicht sein – will
Es gegen Euch nicht sein. Nicht alle
Glückseligkeit soll unter mir verdorren.
Ihr selbst, Ihr sollet unter meinen Augen
Fortfahren dürfen, Mensch zu sein.
(V. 3269–3278)

Philipp warnt Posa vor der Inquisition und drückt sein Bedauern aus, wenn Posa ihr Opfer werden sollte. Daß Posa ihn in dieser menschlichen Anteilnahme ernst nimmt, Philipps Äußerung also nicht nur als Floskel auffaßt, überzeugt Philipp endgültig von dem außergewöhnlichen Charakter Posas.

T_9:

MARQUIS: Wenn ein hoffnungsvoller Sohn,
Wenn der Besitz der liebenswürdigsten
Gemahlin einem Sterblichen ein Recht
Zu diesem Namen geben, Sire, so sind Sie
Der Glücklichste durch beides.
KÖNIG *(mit finstrer Miene):* Nein, ich bin's nicht!
Und daß ich's nicht bin, hab ich tiefer nie
Gefühlt als eben jetzt – *(Mit einem Blicke der Wehmut auf dem
Marquis verweilend)*
(V. 3308–3314)

Philipp wird durch diese Äußerung der Wunsch bewußt, einen ehrlichen und aufrichtigen Menschen wie Posa als Sohn zu besitzen.

Hausaufgabe

Als Hausaufgabe beschreiben die Schüler die weitere Entwicklung der Beziehung von Posa und Philipp anhand der Fragestellung *Wie gebraucht Posa seine Vertrauensstellung?*

Stundenziele

Die Schüler sollen
- die Beziehung von Posa und Philipp aus der Handlung heraus beschreiben,
- begründen, inwiefern es verwundern muß, daß Philipp Posa zu seinem Vertrauten macht,
- in Philipps positiver Voreingenommenheit für Posa einen Grund für seine problematische (Freundes-)Wahl erkennen,
- erklären, wie Posa in einem Gespräch Philipps Erwartungen bestätigt.

11./12. Stunde: Posa und Carlos – Freundschaft als Mittel zum Zweck?

Sachanalyse

Kurz nach seinem Erscheinen wurde der *Don Carlos* in den *Hallischen Gelehrten Zeitungen* vom 22. Oktober durchweg positiv besprochen. Vor allem die Darstellung einer echten Freundschaft zwischen Posa und Carlos hielt der Rezensent für gelungen, denn für ihn war Posa „ein Ideal von Freund, wie noch wenig auf der Bühne erschienen sind, und das mit den herrlichsten Darstellungen der Oreste und Pylades wetteifern kann" (zit. nach Pörnbacher 1982, S. 174).
Ähnliche Auffassungen finden sich auch noch heute in der Fachliteratur. So wird etwa behauptet, die Freundschaft von Posa und Carlos gebe eigene Erfahrungen

Schillers wieder: „In dem Verhältnis dieser beiden Dramengestalten verwirklicht sich Schillers Idee der Freundschaft, wie er sie in frühen Freundschaftsverhältnissen und vor allem zur Zeit der Entstehung des Dramas im beglückenden Umfang mit Körner erlebt hat" (Scholz 1982, S. 40). So gesehen ist es nur naheliegend, den *Don Carlos* als Freundschaftsdrama bzw. als Tragödie einer Freundschaft aufzufassen. Solche Auslegungen widersprechen aber anscheinend der Dichterintention. Im dritten Brief über *Don Carlos* heißt es zur Beziehung von Posa und Carlos: „Also auch Sie nehmen es, wie die meisten meiner Leser, als ausgemacht an, daß es schwärmerische Freundschaft gewesen, was ich mir in dem Verhältnis zwischen Carlos und Marquis Posa zum Ziel gesetzt habe? Und aus diesem Standpunkt haben Sie folglich diese beiden Charaktere und vielleicht das ganze Drama bisher betrachtet? Wie aber, lieber Freund, wenn Sie mir mit dieser Freundschaft wirklich zuviel getan hätten? Wenn es aus dem ganzen Zusammenhang deutlich erhellte, daß sie dieses Ziel nicht gewesen und auch schlechterdings nicht sein konnte? Wenn sich der Charakter des Marquis, so wie er aus dem Total seiner Handlungen hervorgeht, mit einer solchen Freundschaft durchaus nicht vertrüge, und wenn sich gerade aus seinen schönsten Handlungen, die man auf ihre Rechnung schreibt, der beste Beweis für das Gegenteil führen ließe?"

In den folgenden Briefen nennt Schiller einige Beispiele aus dem Handlungsgeschehen (vgl. dazu die in M 6 abgedruckten Auszüge). Ihm geht es dabei um den Nachweis, daß echte Freundschaft sich nicht mit Posas Charakter verträgt:

1. Beispiel

Wie Carlos sich erinnert, hat er sich schon als Kind um die Freundschaft Posas bemüht, doch lange vergeblich (vgl. I/2, V. 209–217). Erst als er, um Posa zu gewinnen, dessen Schuld für ein kindliches Vergehen auf sich nahm und an Stelle Posas bestraft wurde, gab dieser seine Distanz auf (vgl. I/2, V. 255–260).

Die Freundschaft von Carlos und Posa geht also vor allem auf die Initiative von Carlos zurück. Posa zeigt sich bereits hier als der Kühlere und Distanziertere. Seine Annäherung an Carlos geschieht nicht aus Zuneigung, sondern ist eher ein Akt der Dankbarkeit und Verpflichtung (vgl. M 6 – Abschnitt I).

2. Beispiel

Bei seiner Rückkehr an den spanischen Hof trifft Posa auf einen veränderten Carlos. Während ihrer Schulzeit in Alcala hatten sie gemeinsam Ideen von einer neuen Gesellschaftsordnung entwickelt. Posa hat diese Ideen weitergedacht und Möglichkeiten gesucht, sie umzusetzen. Für Carlos hingegen bestand nach der Rückkehr an den Hof in Madrid keinerlei Möglichkeit mehr zu politischer Betätigung. In dieser Situation fixierte er sich auf die Liebe zu Elisabeth, die nun sein ganzes Denken und Fühlen einnahm.

Posa erkennt den seelischen Zustand des Freundes. Doch anstatt besorgt auf Carlos einzugehen, wie es echte Freundschaft erfordern würde, bringt er bereits mit den ersten Worten sein politisches Anliegen vor (vgl. I/2, V. 138–160). Als Posa merkt, daß er die alten Ideen in Carlos nicht wiedererwecken kann, bedient er sich dessen Verliebtheit: Er arrangiert für Carlos ein Treffen mit Elisabeth, um ihn von ihr erneut für seine politische Zielsetzung begeistern zu lassen. Er überzeugt Carlos nicht von der Sinnlosigkeit dieser Liebe, wie es Pflicht eines Freundes gewesen wäre, sondern gebraucht sie als Mittel für seine politischen Zwecke (vgl. M 6 – Abschnitt II).

M 6

Schiller über Carlos und Posa

I.

Aber auch schon in diesen früheren Zeiten ist der Ernst dieses Charakters in einigen Zügen sichtbar; schon hier ist Posa der kältere, der stärkere Freund, und sein Herz, jetzt schon zu weit umfassend, um sich für ein einziges Wesen zusammenzuziehen, muß durch ein schweres Opfer errungen werden.

[...]

Hier schon sind einige Winke gegeben, wie wenig die Anhänglichkeit des Marquis an den Prinzen auf *persönliche* Übereinstimmung sich gründet. Frühe denkt er sich ihn als *Königssohn,* frühe drängt sich diese Idee zwischen sein Herz und seinen bittenden Freund. Carlos öffnet ihm seine Arme; der junge Weltbürger kniet vor ihm nieder. Gefühle für Freiheit und Menschenadel waren früher in seiner Seele reif als Freundschaft für Carlos; dieser Zweig wurde erst nachher auf diesen stärkern Stamm gepfropft. Selbst in dem Augenblick, wo sein Stolz durch das große Opfer seines Freundes bezwungen ist, verliert er den Fürstensohn nicht aus den Augen. „Ich will bezahlen", sagt er, „wenn *du – König* bist." Ist es möglich, daß sich in einem so jungen Herzen, bei diesem lebendigen und immer gegenwärtigen Gefühl der Ungleichheit ihres Standes, *Freundschaft* erzeugen konnte, deren wesentliche Bedingung doch *Gleichheit* ist? Also auch damals schon war es weniger Liebe als Dankbarkeit, weniger Freundschaft als Mitleid, was den *Marquis* dem Prinzen gewann.

(Dritter Brief über *Don Carlos*)

II.

Voll unaussprechlicher Liebe, weil er ihn mit der Lieblingsangelegenheit seines Herzens zusammendenkt, eilt er nach Madrid in seine Arme, jene Samenkörner von Humanität und heroischer Tugend, die er einst in seine Seele gestreut, jetzt in vollen Saaten zu finden und in ihm den Befreier der Niederlande, den künftigen Schöpfer seines *geträumten Staats* zu umarmen. [...]

Der Empfang ist der feurigste: aber wie beantwortet ihn Posa? Er, der seinen Freund in voller Blüte der Jugend verließ und ihn jetzt einer wandelnden Leiche gleich wiederfindet, verweilt er bei dieser traurigen Veränderung? Forscht er lange und ängstlich nach ihren Quellen? Steigt er zu den kleineren Angelegenheiten seines Freundes herunter? Bestürzt und ernsthaft erwidert er diesen unwillkommenen Empfang. [...]

Unfreiwillig entwischt ihm seine herrschende Idee gleich in den ersten Augenblicken des so lang entbehrten Wiedersehens, wo man sich doch sonst so viel wichtigere Kleinigkeiten zu sagen hat, und Carlos muß alles Rührende seiner Lage aufbieten, muß die entlegensten Szenen der Kindheit hervorrufen, um diese Lieblingsidee seine Freundes zu verdrängen, sein Mitgefühl zu wecken und ihn auf seinen eigenen traurigen Zustand zu heften. [...]

Wie würde ein sorgsamer Freund des Prinzen, der aber ganz nur *Freund* allein, und *mehr nicht* gewesen wäre, in dieser Lage gehandelt haben? Und wie hat Posa, der Weltbürger, gehandelt? Posa, des Prinzen Freund und Vertrauter, hätte viel zu sehr für die Sicherheit seines Carlos gezittert, als daß er es hätte wagen sollen, zu einer gefährlichen Zusammenkunft mit seiner Königin die Hand zu bieten. Des Freundes Pflicht wär es gewesen, auf Erstickung dieser Leidenschaft und keineswegs auf ihre Befriedigung zu denken. Posa, der Sachwalter Flanderns, handelt ganz anders. Ihm ist nichts wichtiger, als diesen hoffnungslosen Zustand, in welchem die tätigen Kräfte seines Freundes versinken, auf das schnellste zu endigen, sollte es auch ein kleines Wagestück kosten. So lang sein Freund in unbefriedigten Wünschen verschmachtet, kann er fremdes Leiden nicht fühlen; so lang seine Kräfte von Schwermut niedergedrückt sind, kann er sich zu keinem heroischen Entschlusse erheben. Von dem unglücklichen Carlos hat Flandern nichts zu hoffen, aber vielleicht von dem glücklichen. Er eilt also, seinen heißesten Wunsch zu befriedigen, er selbst führt ihn zu den Füßen seiner Königin.
(Dritter Brief über *Don Carlos*)

III.

Kühn gemacht durch einen *Erfolg,* der all sein Hoffen übertraf, und durch einige Spuren von *Humanität,* die ihn an dem Könige überraschen, in Feuer gesetzt, verirrt er sich auf einen Augenblick bis zu der ausschweifenden Idee, sein herrschendes Ideal von Flanderns Glück usw. unmittelbar an die Person des Königs anzuknüpfen, es unmittelbar durch diesen in Erfüllung zu bringen. [...] Jetzt ergeht es ihm wie jedem Schwärmer, der von seiner herrschenden Idee überwältigt wird. Er kennt keine Grenzen mehr, im Feuer seiner Begeisterung *veredelt er sich den König,* der mit Erstaunen ihm zuhört, und vergißt sich so weit, Hoffnungen auf ihn zu gründen, worüber er in den nächsten ruhigen Augenblicken erröten wird. An Carlos wird jetzt nicht mehr gedacht. Was für ein langer Umweg, erst auf diesen zu warten! Der König bietet ihm eine weit nähere und schnellere Befriedigung dar. Warum das Glück der Menschheit bis auf seinen Erben verschieben?
Würde sich Carlos' Busenfreund so weit vergessen, würde eine andere Leidenschaft als die herrschende den Marquis so weit hingerissen haben? Ist das Interesse der Freundschaft so beweglich, daß man es mit so weniger Schwierigkeit auf einen andern Gegenstand übertragen kann? Aber alles ist erklärt, sobald man die Freundschaft jener herrschenden Leidenschaft *unterordnet.* Dann ist es natürlich, daß diese bei dem nächsten Anlaß ihre Rechte reklamiert und sich nicht lange bedenkt, ihre Mittel und Werkzeuge umzutauschen.
(Sechster Brief über *Don Carlos*)

IV.

So lange Karl in der Nähe der Königin bleibt, ist er für die Angelegenheit Flanderns verloren. Seine Gegenwart in den Niederlanden kann dort den Dingen eine ganz andere Wendung geben; er steht also keinen Augenblick an, ihn auf die gewaltsamste Art dahin zu bringen. [...]

Würde der *Freund* des Carlos es über sich vermocht haben, so verwegen mit dem guten Namen, ja selbst mit dem Leben seines Freundes zu spielen? Aber Posa, dem die Befreiung eines unterdrückten Volks eine weit dringendere Aufforderung war als die kleinen Angelegenheiten eines Freundes, Posa, der Weltbürger, mußte gerade so und nicht anders handeln. Alle Schritte, die im Verlauf des Stücks von ihm unternommen werden, verraten eine *wagende Kühnheit,* die ein heroischer Zweck allein einzuflößen imstand ist; Freundschaft ist oft verzagt und immer besorglich. Wo ist bis jetzt im Charakter des Marquis auch nur eine Spur dieser ängstlichen Pflege eines isolierten Geschöpfs, dieser alles ausschließenden Neigung, worin doch allein der eigentümliche Charakter der leidenschaftlichen Freundschaft bestehet? Wo ist bei ihm das Interesse für den Prinzen nicht dem höhern Interesse für die Menschheit untergeordnet? Fest und beharrlich geht der Marquis seinen großen kosmopolitischen Gang, und alles, was um ihn herum vorgeht, wird ihm nur durch die Verbindung wichtig, in der es mit diesem höhern Gegenstande steht.
(Dritter Brief über *Don Carlos*)

Arbeitshinweise:
- *Ordnen Sie die einzelnen Textauszüge in den Handlungszusammenhang ein!*
- *Handelt Posa nach Schiller als wahrer Freund?*
- *Was läßt sich zugunsten Posas einwenden?*

3. Beispiel
Bei der Begegnung mit Philipp (III/10) glaubt Posa plötzlich an neue Möglichkeiten, von denen er bisher nicht zu träumen gewagt hat. Seine politischen Aktivitäten waren gegen den Staat Philipps und damit indirekt gegen Philipp selbst gerichtet. Allein mit Hilfe von Carlos wollte Posa seine Pläne verwirklichen. Nun aber sieht er eine Möglichkeit, den kürzeren Weg gehen zu können und seine politischen Ziele mit Hilfe des Königs zu erreichen. Die Hoffnung, die er ursprünglich auf Carlos gesetzt hat, überträgt er nun auf Philipp.
Die politischen Utopien in Alcala waren aber der wesentliche Teil der Freundschaft von Carlos und Posa, das Gemeinsame schlechthin, in dem sie sich als Gleichgesinnte trafen. Einem echten Freund wäre dieses Gedankengut heilig, doch Posa läßt sich hinreißen, es ausgerechnet dem König zu offenbaren, nur weil er sich einen Moment lang der Hoffnung hingibt, so seine politischen Ziele schneller und einfacher erreichen zu können (vgl. M 6 – Abschnitt III).

4. Beispiel
Als Posa merkt, daß er über Philipp nichts zu erreichen vermag, verlagert er sein Interesse konsequenterweise wieder auf Carlos (vgl. IV/21, V. 4313–4321). Nach seinem Plan soll Carlos heimlich in die Niederlande entfliehen und sich an die Spitze der Aufständischen stellen (vgl. IV/3, V. 3468–3477). Ohne auch nur einen Gedanken darauf zu verschwenden, daß die Entdeckung dieses Vorhabens den Tod von Carlos bedeuten würde, verfügt er über den angeblichen Freund. Ein wirklicher Freund hingegen würde sorgsam mit

dem Leben und dem Wohl des anderen umgehen (vgl. M 6 – Abschnitt IV).

Diese Beispiele zeigen, daß Posas Freundschaft zu Carlos wie schon die Beziehung zu Philipp seinen politischen Plänen untergeordnet ist. Gefühle der Freundschaft, der Zuneigung und der Liebe empfindet er für Carlos nur insoweit, als sein politisches Interesse sich in der Person Carlos' zentriert. So heißt es im vierten Brief über *Don Carlos*: „Da es Carlos ist, der dieses Ideal von Menschenglück wirklich machen soll, so trägt er es auf ihn über, so faßt er zuletzt beides in *einem* Gefühl unzertrennlich zusammen. In Carlos allein schaut er seine feurig geliebte Menschheit itzt an; sein Freund ist der Brennpunkt, in welchem alle seine Vorstellungen von jenem zusammengesetzten Ganzen sich sammeln."

Nun sind aber Dichter nicht von vornherein die besten Interpreten ihrer Werke. Die von Schiller genannten Beispiele lassen sich für Posa durchaus günstiger darstellen (vgl. S. 77f.). Auch Schiller relativiert zuletzt im vierten Brief über *Don Carlos* seine überwiegend negative Darstellung Posas: Zwar gehe es Posa in erster Linie um die Verwirklichung seiner politischen Ideale, trotzdem hege er für Carlos freundschaftliche Gefühle: „Hohes, wirkendes Wohlwollen gegen das Ganze schließt keineswegs die zärtliche Teilnahme an den Freuden und Leiden eines einzelnen Wesens aus. Daß er das Menschengeschlecht mehr liebt als Karln, tut seiner Freundschaft für ihn keinen Eintrag. Immer würde er ihn, hätte ihn auch das Schicksal auf keinen Thron gerufen, durch eine besondere zärtliche Bekümmernis vor allen übrigen unterschieden haben."

In diesem von Schiller beschriebenen Sinne könnte das Verhältnis von Carlos und Posa durchaus als Freundschaft interpretiert werden. Unstrittig ist allerdings, daß für Posa seine politischen Ideale im Vordergrund stehen. Auch wenn die von Schiller genannten Beispiele mit Vorbehalt zu lesen sind, so zeigen sie doch Posas Bereitschaft, in der Freundschaft zu Carlos vor allem ein Mittel zum Zwecke zu sehen.

Bereits in der zeitgenössischen Diskussion wurde auf Posas zwiespältigen Charakter hingewiesen. Schiller ging im elften Brief über *Don Carlos* auf diesen Widerspruch ein: „Viele nämlich haben ihm vorgeworfen, daß er, der von der Freiheit so hohe Begriffe hegt und sie unaufhörlich im Munde führt, sich doch selbst einer despotischen Willkür über seinen Freund anmaße, daß er ihn blind, wie einen Unmündigen, leite und ihn eben dadurch an den Rand des Untergangs führe." In gleicher Weise scheut sich Posa, ein Vertreter von Menschenglück und Menschenwürde, auch nicht, das Vertrauen Philipps zu mißbrauchen und ihn zu hintergehen. Wie ist dieser Zwiespalt im Charakter Posas zu erklären? Warum handelt der Weltverbesserer Posa inhuman?

Durch den Verlauf der Französischen Revolution zog dieses Problem einige Zeit nach Erscheinen des *Don Carlos* das Interesse der zeitgenössischen Philosophen auf sich: Eine Revolution der Gleichheit, Freiheit und Brüderlichkeit artete in Terror und Schrecken aus. Hegel hat etwa in seiner Schrift *Die Phänomenologie des Geistes (1806)* im berühmten Kapitel *Das Gesetz des Herzens und der Wahnsinn des Eigendünkels* diese Problematik aufgenommen und den Nachweis geführt, daß ein Weltverbesserer unter Umständen zum Despoten werden kann.

Viel früher, nämlich im Jahre 1788, kommt Schiller in dem oben erwähnten elften Brief über *Don Carlos* zum gleichen Resultat: Schiller geht davon aus, daß Ideale dem Menschen nicht von Natur aus zukommen, sondern durch geistige Anstren-

gung erworben werden müssen. Idealisten fehlt somit in ihren Handlungen das natürliche Gefühl für falsches oder richtiges Verhalten. Ideale haben ferner die Eigentümlichkeit, Abstraktionen und damit allgemeine Ideen zu sein, die als solche nicht auf den Einzelfall und individuelle Menschen anwendbar sind. Folglich wären Ideale nur zu verwirklichen, wenn alle Menschen auf individuelle Äußerungen verzichten und allgemeine Menschen würden, d.h. wenn sie ihre persönlichen Ziele und Interessen einem als höher definierten Gemeinwohl unterordneten. Gefährlich werden Ideale dann, wenn sie sich mit Eigendünkel, Stolz und Herrschsucht einzelner Menschen verbinden. Solche Menschen werden bereit sein, zur Verwirklichung ihrer Ideale jede Individualität als solche auszuschalten, und sei es mit Gewalt. Jedes Ideal, weil es allgemeine Idee ist und in seiner Verwirklichung einzelnes auflöst, trägt somit den Keim in sich, inhuman zu werden, d.h. intolerant zu sein und nicht die individuelle Persönlichkeit des Menschen zu respektieren.
So denkt und handelt Posa – die Erziehungsdiktaturen des 20. Jahrhunderts vorwegnehmend – im Grunde nur konsequent, wenn er Philipp auffordert, nach der Liberalisierung Spaniens im Namen der Freiheit die Welt zu unterwerfen: „Wenn nun der Mensch, sich selbst zurückgegeben,/Zu seines Werts Gefühl erwacht – der Freiheit/Erhabne, stolze Tugenden gedeihen –/Dann, Sire, wenn Sie zum glücklichsten der Welt/Ihr eignes Königreich gemacht – dann ist/Es Ihre Pflicht, die Welt zu unterwerfen“ (III/10, V. 3247–3252).

Methodisch-didaktische Überlegungen

In dieser Doppelstunde wird gezeigt, daß Posa sich nicht nur in der Beziehung zu Philipp, sondern auch in der vermeintlichen Freundschaft zu Carlos äußerst fragwürdig verhält.
Das Verhältnis von Posa und Carlos wird unter dem Gesichtspunkt einer möglichen Freundschaft untersucht. Zur Erhöhung von Motivation und Diskussionsbereitschaft ist die Untersuchung dialektisch aufgebaut: Carlos vertritt die Ansicht, Posa sei sein Freund. Philipp hingegen glaubt, Posa ordne die Freundschaft zu Carlos politischen Zielen unter. Beide Seiten haben für ihre Meinungen gute Argumente, die im Unterrichtsgespräch gesammelt werden (Phase 1 und 2).
Anschließend folgt eine Diskussion über die Frage, wer von beiden recht hat. Ausgangspunkt ist Schillers eigene Auffassung (M 6 – Schiller über Carlos und Posa). Zwar wird das Ergebnis der Diskussion offen gehalten, doch wird zumindest Posas Verhalten in der Freundschaft zu Carlos problematisiert (Phase 3).
Nach der Untersuchung von Posas Verhalten Philipp und Carlos gegenüber stellt sich die Frage, wie Posas unredliches Handeln mit seinen edlen Motiven vereinbar ist. Ausgehend vom Charakter Posas wird abschließend die grundsätzliche Frage diskutiert, ob unter bestimmten Umständen unrechtes Handeln durch die Redlichkeit der Ziele gerechtfertigt werden kann (Phase 4).
In seinen Briefen über *Don Carlos* hat Schiller eine Erklärung versucht, warum humane Ideale so oft inhumane Folgen haben. In besonders leistungsstarken Klassen kann der entsprechende Textauszug mit den beigefügten Arbeitshinweisen (M 7 – Posas Charakter – Der Zwiespalt von edlen Motiven und unredlichem Handeln) als Hausaufgabe gestellt werden.

Unterrichtsverlauf

Vorphase:
Besprechung der Hausaufgabe

Als Antwort auf die gestellte Frage ergibt sich:
Als Posa merkt, daß er bei Philipp mit seinem politischen Anliegen nichts erreichen kann, verfolgt er den Plan, Carlos heimlich an die Spitze der Aufständischen in den Niederlanden zu stellen. Durch seine Vertrauensstellung kann er sich im System der Etikette frei bewegen. Es gelingt ihm, Carlos vom Verdacht einer Liebesbeziehung zu entlasten, um dessen Flucht in die Niederlande ungestört vorbereiten zu können.
Als nach einer Reihe von Mißverständnissen Posa glaubt, Carlos verrate seine Pläne an die Prinzessin von Eboli, läßt er ihn mit einer Blankovollmacht des Königs verhaften. Um Carlos die unbewachte Flucht in die Niederlande zu sichern, opfert Posa sich selbst: Er schreibt einen Brief an Wilhelm von Oranien, von dem er weiß, daß er abgefangen wird. Darin beschuldigt er sich selbst, Elisabeth geliebt zu haben.
Als Philipp den Brief erhält, weint er. Aus tiefem Schmerz heraus läßt er Posa erschießen. Als Carlos ihn über den Brief aufklärt, erkennt Philipp, daß er nur Werkzeug von Posas politischen Plänen gewesen ist. Aus tiefer persönlicher Enttäuschung heraus verschwindet der letzte Rest des Menschen Philipp und weicht dem noch grausameren Despoten.

Phase 1:
Carlos: „Er starb für mich"

Es erscheint sinnvoll, einleitend im Unterrichtsgespräch eine Art Definition von *Freundschaft* zu versuchen: Freundschaft wird im allgemeinen mit Merkmalen verbunden wie Zuneigung, Aufrichtigkeit, Uneigennützigkeit und gedankliche Übereinstimmung. Darüber hinaus muß in einer freundschaftlichen Beziehung gegenseitiges Vertrauen, Achtung, Verständnis und Zuverlässigkeit vorhanden sein.
Nach einer kurzen Diskussion, ob Posa und Carlos demzufolge Freunde sind, wird geprüft, wie Carlos selbst die Beziehung zu Posa in der folgenden Äußerung sieht:

Ist's möglich? Sie erraten nicht, wer mir
Der Tote war – O sagt es ihm – helft seiner
Allwissenheit das schwere Rätsel zu lösen.
Der Tote war mein Freund – Und wollt ihr wissen,
Warum er starb? Für mich ist er gestorben.
(...)
Blutender, vergib,
Daß ich vor solchen Ohren es entweihe!
Doch dieser große Menschenkenner sinke
Für Scham dahin, daß seine graue Weisheit
Der Scharfsinn eines Jünglings überlistet.
Ja, Sire! Wir waren Brüder! Brüder durch
Ein edler Band, als die Natur es schmiedet.
Sein schöner Lebenslauf war Liebe. Liebe
Für mich sein großer, schöner Tod.
(V/4, V. 4783–4796)

Die Schüler lesen die Stelle und geben zur Kontrolle des Textverständnisses den Inhalt wieder: Carlos glaubt, Posa sei sein Freund. Er sei sogar aus Liebe zu ihm gestorben.
Es erhebt sich die Frage, wie Carlos zu dieser Ansicht gelangte. Im Unterrichtsgespräch sind vor allem vermeintliche Freundschaftsdienste Posas zu nennen, die Carlos an eine aufrichtige Freundschaft glauben ließen:
- Carlos hat als Kind eine eigentlich Posa zustehende Strafe auf sich genommen und glaubt deshalb, sich Posa als Freund verpflichtet zu haben.
- Über diese Jugendfreundschaft hinaus kam es in Alcala zu einer gedanklichen

Übereinstimmung. Carlos und Posa entwarfen dort gemeinsam ihre politischen Utopien.
- Posa vermittelt Carlos gleich nach seiner Ankunft die ersehnte Begegnung mit Elisabeth. Er scheint also um das seelische Wohlbefinden des Freundes besorgt zu sein.
- Posa entlastet Carlos vom Verdacht einer Liebesbeziehung zu Elisabeth, indem er die Eboli als Intrigantin entlarvt. Als dies zu scheitern droht, ist Posa sogar bereit, sein Leben für die Rettung des Freundes zu opfern.

Phase 2:
Philipp: „Für einen Knaben stirbt ein Posa nicht“

Zu einer entgegengesetzten Ansicht kommt Philipp in der folgenden Äußerung:

Und wem bracht' er dies Opfer?
Dem Knaben, meinem Sohne? Nimmermehr.
Ich glaub es nicht. Für einen Knaben stirbt
Ein Posa nicht. Der Freundschaft arme Flamme
Füllt eines Posa Herz nicht aus. Das schlug
der ganzen Menschheit. Seine Neigung war
Die Welt mit allen kommenden Geschlechtern.
Sie zu vergnügen, fand er einen Thron –
Und geht vorüber? Diesen Hochverrat
An seiner Menschheit sollte Posa sich
Vergeben? Nein. Ich kenn ihn besser. Nicht
Den Philipp opfert er dem Carlos, nur
Den alten Mann dem Jüngling, seinem Schüler.
Des Vaters untergehnde Sonne lohnt
Das neue Tagwerk nicht mehr. Das verspart man
Dem nahen Aufgang seines Sohns – Oh, es ist klar!
Auf meinen Hintritt wird gewartet.
(V/9, V. 5057–5073)

Die Schüler lesen die Stelle und geben den Inhalt mit eigenen Worten wieder: Nach Philipps Auffassung ist Posa nicht für Carlos, sondern für seine politischen Ideale gestorben. Auch hat er sich nicht für Carlos gegen Philipp, sondern für den jungen Thronfolger gegen den alternden König entschieden.

Auch hier sollte geklärt werden, wie Philipp zu dieser Ansicht gelangt. Der Text gibt keine genauen Anhaltspunkte, und so lassen sich allenfalls Vermutungen anstellen: In Erinnerung an sein Gespräch mit Posa erkennt Philipp nun in diesem den Idealisten, also einen Menschen, der sowohl eigene als auch persönliche Belange anderen abstrakten Zielen unterordnet. Auch weiß Philipp aus eigener Erfahrung, daß Posa zum Treuebruch bereit ist. Warum sollte ihm dann Freundschaft heilig sein? Es läßt sich aber auch vermuten, daß Philipps Auffassung unbegründet ist und nur auf seine persönliche Enttäuschung zurückgeht.

Phase 3:
Freundschaft als Mittel zum Zweck?

Jetzt ist in Form einer offen gehaltenen Diskussion zu klären, welche Ansicht zutrifft. Als Grundlage wird Schillers eigene Auffassung herangezogen. M 6 enthält die entsprechenden Auszüge aus Schillers Briefen über *Don Carlos*. Diese Texte bieten sich insofern an, als Schiller sich pointiert und dezidiert äußert, also Zustimmung, aber auch Widerspruch geradezu provoziert. Auch wird die Diskussion auf diese Weise strukturiert, da Schiller mit seinen Beispielen den Rahmen absteckt und den Schülern erste Argumente zur Hand gibt. Zudem läßt sich nochmals die Textkenntnis kontrollieren, da Schiller ohne Textangabe auf einzelne Geschehnisse des Stücks anspielt.

Die Schüler lesen M 6 still und ordnen die einzelnen Textauszüge in den Handlungszusammenhang ein. Zugleich überlegen sie sich, ob Schiller zugestimmt werden kann. Bei der anschließenden Besprechung und Diskussion könnte sich ergeben:

Abschnitt I:
Der erste Textauszug bezieht sich auf eine Äußerung Carlos' (I/2, V. 228–260), in der er Posa an eine Episode aus ihrer Kindheit erinnert. Posa schoß damals der Königin von Böhmen einen Federball ins Auge, und Carlos nahm die Strafe auf sich. Dadurch gewann er Posa zum Freund. Diese Annäherung Posas an Carlos ist jedoch Ausdruck von Dankbarkeit. Echte Freundschaft wäre aber nach Schiller aus freier Zuneigung heraus entstanden.
Posas Reserviertheit könnte allerdings auch auf die Etikette und die Rollenverteilung am Königshof zurückgehen: Er ist gezwungen, dem Thronfolger mit dem gehörigen Respekt und der nötigen Distanz zu begegnen. Erst durch das Opfer von Carlos wurde er ermutigt, sich diesem freundschaftlich zu nähern.

Abschnitt II:
Mit der zweiten Textstelle verweist Schiller auf die erste Begegnung von Posa und Carlos nach ihrer gemeinsamen Schulzeit in Alcala (I/2). Posa findet Carlos in Melancholie versunken vor, unfähig zur politischen Handlung und zur Verwirklichung der gemeinsamen Ideale. Obwohl Posa die Gemütsverfassung des Freundes erkennt, bringt er sofort sein politisches Anliegen vor. Er bemüht sich auch nicht, Carlos von der Sinnlosigkeit seiner Liebe zu Elisabeth zu überzeugen. Vielmehr schürt Posa diese Liebe in der Hoffnung, Carlos zu neuer Tatkraft zu bewegen.
Daß Posa bei der ersten Begegnung nach Alcala nicht auf Carlos' Verfassung einging, sondern gleich sein politisches Anliegen vorbrachte, ist allerdings psychologisch durchaus verständlich. Von Carlos' Zustand wußte Posa nichts. Es mußte ihn notgedrungen überraschen, den einst vor politischer Aktivität und Tatendrang sprühenden Carlos in Melancholie versunken zu sehen. Hinzu kommt, daß Posa seit Alcala in Europa herumreiste und fast ein Jahr für die Verwirklichung ihrer politischen Ideale tätig war. So ist es leicht nachvollziehbar, daß Posa sofort sein politisches Anliegen vorbringt.
Auch spricht nicht gegen ihn, daß er für Carlos eine Begegnung mit Elisabeth arrangierte: Es hilft auch Carlos, wenn dieser seine Melancholie überwinden kann.

Abschnitt III:
Der dritte Textauszug spielt auf das Gespräch von Posa und Philipp (III/10) an, in dem Posa über Philipp seine politischen Ideale verwirklichen will. Gerade diese Ideale waren aber wesentlicher Teil der Freundschaft von Carlos und Posa, und ein aufrichtiger Freund würde daran festhalten. Posa jedoch vergißt – so Schiller – Carlos in dem Moment, als er andere Möglichkeiten der Verwirklichung seiner Pläne sieht.
Auch gegen diese negativen Interpretationen Schillers können Einwände erhoben werden: Posas Hoffnungen, seine politischen Ziele mit Hilfe von Philipp erreichen zu können, sind spontan im Verlauf des Gesprächs entstanden. Bei nüchterner Betrachtung würde Posa allen Ernstes nicht daran glauben können, den König umzustimmen. Zudem ist es seiner Freundschaft zu Carlos nicht abträglich, wenn Philipp tatsächlich zu einer Liberalisierung Spaniens bereit gewesen wäre. Im Gegenteil: Gerade dann könnte Posa beweisen, daß sein Interesse an Carlos nicht nur dem zukünftigen König galt. Auch ist es aus heutiger Sicht eine antiquierte Auffassung von Freundschaft, gleichsam von einem „heiligen“ gemeinsamen Gedankengut auszugehen.

Abschnitt IV:
Der vierte Abschnitt spricht den Plan Posas an, Carlos heimlich in die Niederlande zu schicken, um ihn an die Spitze der Aufständischen zu stellen (IV/3, V. 3468–3477). Ein aufrichtiger Freund wäre aber – laut Schiller – ängstlich um das Wohl von Carlos (und auch von Elisabeth) besorgt. Posa jedoch denkt nur an seine politischen Ziele, für die er sogar bereit ist, das Leben des Freundes aufs Spiel zu setzen.
Dem ist entgegenzuhalten, daß Posa zwar über Carlos verfügt und über dessen Kopf hinweg plant, doch hat Carlos sich zu Beginn des Stücks bereit erklärt, sich Posa anzuvertrauen und dessen Pläne zu unterstützen. Die damit verbundene Gefahr für das eigene Leben hat er somit bewußt in Kauf genommen.

Phase 4:
Der Charakter Posas – Kann Menschenliebe inhuman sein?

In der Regel wird die Diskussion wohl damit enden, daß die Mehrzahl der Schüler Schillers Auffassung zustimmt, zumindest aber Posas Verhalten als fragwürdig bezeichnet. An dieses Ergebnis kann eine abschließende Charakterisierung Posas angeknüpft werden. Vor allem muß der Widerspruch zwischen seinen Idealen und der Fragwürdigkeit seines Handelns problematisiert werden.
Um diesen Zwiespalt im Charakter Posas deutlich zu machen, werden sowohl positive als auch negative Charaktereigenschaften Posas gesammelt. Posa ist z.B. tapfer, mutig und selbstlos. Er glaubt an Ideale von Menschenwürde und Menschenglück und ist sogar bereit, für diese Ideale zu sterben. Andererseits betrügt und hintergeht er aber andere Menschen (z.B. Philipp). Auch erscheint das Verhalten seinem angeblich besten Freund gegenüber als fragwürdig.
Erfahrungsgemäß werden einzelne Schüler trotz aller Vorbehalte Posas Charakter durchweg positiv beantworten: Für eine gute Sache sei eben einiges zu wagen. Vor allem müßten dabei individuelle Interessen zurückstehen. Ausgehend von solchen Argumenten bekommt die Gestalt Posas aktuelle Dimension: Eine abschließende Beurteilung der von Posa repräsentierten Problematik könnte sich an folgenden Fragen orientieren:
- Rechtfertigen Posas Ziele seine Mittel?
- Würden seine Ziele auch härtere Mittel, z.B. die Tötung Philipps rechtfertigen?
- Ist Gewalt und Betrug zur Durchsetzung guter Ziele überhaupt zu rechtfertigen? Wenn ja, unter welchen Voraussetzungen?
- Gibt es ähnliche Menschen wie Posa auch in unserer Zeit?

Bei dieser letzten Frage sollte auch die folgende Textstelle herangezogen werden:

Wenn nun der Mensch sich selbst zurückgegeben,
Zu seines Werts Gefühl erwacht – der Freiheit
Erhabne, stolze Tugenden gedeihen –
Dann, Sire, wenn Sie zum glücklichsten der Welt
Ihr eignes Königreich gemacht – dann ist
Es ihre Pflicht, die Welt zu unterwerfen.
(III/10, V. 3247–3252)

Aus seinem Sendungsbewußtsein heraus ist Posa hier durchaus bereit, die Beglükkung anderer mit Gewalt zu erzwingen. Im Namen der Freiheit hält er einen spanischen Imperialismus für legitim. Die Nähe zu bestimmten Ideologien unserer Zeit sollte nicht unbemerkt bleiben.

Hausaufgabe (fakultativ)

In besonders leistungsstarken Klassen (Kursen) kann M 7 mit den beigefügten

M 7

Posas Charakter – Der Zwiespalt von edlen Motiven und unredlichen Mitteln

Und hier, deucht mir, treffe ich mit einer nicht unmerkwürdigen Erfahrung aus der moralischen Welt zusammen, die keinem, der sich nur einigermaßen Zeit genommen hat, um sich herumzuschauen oder dem Gang seiner eignen Empfindungen zuzusehen, ganz fremd sein kann. Es ist diese: daß die moralischen Motive, welche von *einem zu erreichenden Ideale von Vortrefflichkeit* hergenommen sind, nicht natürlich im Menschenherzen liegen und eben darum, weil sie erst durch Kunst[1] in dasselbe hineingebracht worden, nicht immer wohltätig wirken, gar oft aber, durch einen sehr menschlichen Übergang, einem schädlichen Mißbrauch ausgesetzt sind. Durch praktische Gesetze, nicht durch gekünstelte Geburten der theoretischen Vernunft soll der Mensch bei seinem moralischen Handeln geleitet werden. Schon allein dieses, daß jedes solche moralische Ideal oder Kunstgebäude doch nie mehr ist als eine Idee[2], die, gleich allen andern Ideen, an dem eingeschränkten Gesichtspunkt des Individuums teilnimmt, dem sie angehört, und in ihrer Anwendung also auch der Allgemeinheit nicht fähig sein kann, in welcher der Mensch sie zu gebrauchen pflegt, schon dieses allein, sage ich, müßte sie zu einem äußerst gefährlichen Instrument in seinen Händen machen: aber noch weit gefährlicher wird sie durch die Verbindung, in die sie nur allzu schnell mit gewissen Leidenschaften tritt, die sich mehr oder weniger in allen Menschenherzen finden; Herrschsucht meine ich, Eigendünkel und Stolz, die sie augenblicklich ergreifen und sich unzertrennbar mit ihr vermengen. Nennen Sie mir, lieber Freund – um aus unzähligen Beispielen nur eins auszuwählen – nennen sie mir den Ordensstifter oder auch die Ordensverbrüderung selbst, die sich – bei den reinsten Zwecken und bei den edelsten Trieben – von Willkürlichkeit in der Anwendung, von *Gewalttätigkeit* gegen fremde Freiheit, von dem Geiste der *Heimlichkeit* und der *Herrschsucht* immer reinerhalten hätte? Die bei Durchsetzung eines, von jeder unreinen Beimischung auch noch so freien moralischen Zweckes, insofern sie sich nämlich diesen Zweck als etwas für sich Bestehendes denken und ihn in der Lauterkeit erreichen wollten, wie er sich ihrer Vernunft dargestellt hatte, nicht unvermerkt wären fortgerissen worden, sich an fremder Freiheit zu vergreifen, die Achtung gegen anderer Rechte, die ihnen sonst immer die heiligsten waren, hintanzusetzen und nicht selten den willkürlichsten Despotismus zu üben, ohne den Zweck selbst umgetauscht, ohne in ihren Motiven ein Verderbnis erlitten zu haben. Ich erkläre mir diese Erscheinung aus dem Bedürfnis der beschränkten Vernunft, sich ihren Weg *abzukürzen,* ihr Geschäft zu vereinfachen und Individualitäten, die sie zerstreuen und verwirren, in Allgemeinheiten zu verwandeln. Aus der allgemeinen Hinneigung unsers Gemütes zur Herrschbegierde oder dem Bestreben, alles wegzudrängen, was das Spiel unsrer Kräfte hindert. Ich wählte deswegen einen ganz wohlwollenden, ganz über jede selbstsüchtige Begierde erhabenen Charakter, ich gab ihm die höchste Achtung für anderer Rechte, ich gab ihm die Hervorbringung eines allgemeinen *Freiheitsge-*

nusses sogar zum Zwecke, und ich glaube mich auf keinem Widerspruch mit der allgemeinen Erfahrung zu befinden, wenn ich ihn, selbst auf dem Wege dahin, in Despotismus verirren ließ. (Friedrich Schiller, Elfter Brief über *Don Carlos*)

[1] Kunst: Erziehung, geistige Anstrengung
[2] Idee: Begriff von etwas Umfassendem, Vollkommenem, das es in der Erfahrung nicht gibt (z. B. vollkommener Mensch)

Arbeitshinweise:
- *Warum trägt jedes humane Ideal in sich die Möglichkeit, inhuman zu werden?*
- *Unter welchen Bedingungen wird es inhuman?*

Arbeitshinweisen als Hausaufgabe gestellt werden. In dem Text auf M 7 geht Schiller der Frage nach, wie jemand humane Ziele vertreten, zugleich aber inhuman handeln kann.

Stundenziele

Die Schüler sollen
- untersuchen, ob die Beziehung von Posa und Carlos als Freundschaft bezeichnet werden kann, und dabei
- mit Hilfe von Erläuterungen Schillers das Verhalten Posas gegenüber Carlos bewerten,
- erkennen, daß Freundschaft für Posa v. a. Mittel zum politischen Zweck ist,
- ausgehend vom Charakter Posas die Frage erörtern, ob gute Ziele unredliche Mittel rechtfertigen.

13. Stunde: Die spanische Inquisition

Sachanalyse

Im 12. und 13. Jahrhundert entstanden in Mitteleuropa religiöse Bewegungen (Katharer, Waldenser, Albigenser), die in ihrer Glaubenshaltung von der offiziellen Lehrmeinung abwichen. Durch die wachsende Popularität dieser Bewegungen sah die Kirche die Reinerhaltung des Glaubens sowie ihre Autorität bedroht und beschloß, mit Gewaltmaßnahmen gegen Häretiker, abfällig als Ketzer bezeichnet, vorzugehen. Unterstützung fand sie darin bei der weltlichen Gewalt. Vordergründig fühlten sich die europäischen Herrscher ihrem Krönungseid verpflichtet, für die Verbreitung und Erhaltung der christlichen Lehre Sorge zu tragen. Insgeheim befürchteten sie jedoch, der Angriff auf kirchliche Einrichtungen würde auch die Autorität des Königs sowie die Legitimität einer gottgewollten Ordnung in Frage stellen.
Zur Verfolgung und Bestrafung der Ketzer wurde eine geistliche Untersuchungsbehörde, die Inquisition, eingerichtet und von den Inquisitoren (vornehmlich Dominikanern) verwaltet. Die Auswirkungen der Inquisition für den einzelnen waren verheerend: „Bloßer Verdacht war genug, einen Bürger aus dem Schoß der öffentlichen Ruhe, aus dem Kreis seiner Familie herauszustehlen, und das schwächste Zeugnis berechtigte zur Folterung. Wer in diesen Schlund hinabfiel,

kam nicht wieder. (...) Nie erfuhr der Delinquent seinen Kläger und sehr selten sein Verbrechen; ein ruchloser teufelischer Kunstgriff, der den Unglücklichen zwang, auf seine Verschuldung zu raten und im Wahnwitz der Folterpein oder im Überdruß einer langen lebendigen Beerdigung Vergehungen auszusagen, die vielleicht nie begangen oder dem Richter doch nie bekannt worden waren" (Friedrich Schiller, Geschichte des Abfalls der Vereinigten Niederlande von der spanischen Regierung).

Da dem Denunzianten teilweise das Vermögen des Verurteilten zufiel, breitete sich Habgier, Angst und Mißtrauen in der Bevölkerung aus. In seiner *Geschichte des Abfalls der Vereinigten Niederlande von der spanischen Regierung* führt Schiller dazu aus: „Die Sicherung des Eigentums, die Wahrheit des Umgangs war dahin. Alle Bande des Gewinns waren aufgelöst, alle des Bluts und der Liebe. Ein ansteckendes Mißtrauen vergiftete das gesellige Leben, die gefürchtete Gegenwart eines Lauschers erschreckte den Blick im Auge und den Klang in der Kehle. Man glaubte an keinen redlichen Mann mehr und galt auch für keinen."

Eine besondere Ausprägung erfuhr die Inquisition im Spanien des 15. und 16. Jahrhunderts. Unter dem Vorsitz eines Großinquisitors wurde sie zu einer staatlichen Einrichtung. Über die Besetzung der Suprema, des obersten Gerichts, und der einzelnen Tribunale in den Provinzen entschied der König. Von Anfang an verquickten sich so mit der Ketzerverfolgung politische Interessen, und die Inquisition wurde zu einem nützlichen Instrument der Herrschaftssicherung.

Im Gegensatz zu anderen Ländern wurde die Inquisition von der streng katholischen Bevölkerung weitgehend bejaht. Die öffentliche Ketzerverbrennung, das Autodafé, wurde zum Volksfest, das sich kaum jemand entgehen ließ. So mußte das Spanien des 15. und 16. Jahrhunderts mit seinem im Volke verankerten religiösen Fanatismus und seiner durch die Verbindung mit der Inquisition noch unmenschlicher wirkenden Despotie zwangsläufig zum Zielpunkt aufklärerischer Vernunftkritik (vor allem in Frankreich) werden.

Im Gefolge der französischen Aufklärung spricht auch Schiller die Grausamkeit und Unmenschlichkeit der Inquisition in seinem *Don Carlos* an. Ohne daß diese kirchliche Einrichtung namentlich erwähnt wird, sind Hinweise auf ihre Greueltaten im ganzen Stück enthalten: In ihrem Vorgehen gegen den als ketzerisch geltenden protestantischen Glauben hinterläßt die Inquisition in den von Spanien beherrschten Ländern eine blutige Spur (vgl. III/10, V. 3141–3142). An anderer Stelle kann die in Frankreich großgewordene Elisabeth nur mit Abscheu auf die freudige Ankündigung eines Autodafés reagieren (vgl. I/2, V. 415–421). Am Ende des Stücks betritt der Großinquisitor selbst die Bühne (V/10) und formuliert das menschenverachtende Programm der Inquisition: Für sie zählt „keine Stimme der Natur" (V/10, V. 5275), und jede freiheitliche Bewegung gegen die Autorität der Kirche wird brutal unterdrückt. „Der Verwesung lieber als/Der Freiheit" (V/10, V. 5278–5279) ist die Antwort des Großinquisitors auf Philipps Frage, wofür er die Jahre über regiert habe.

Mit dem Auftreten des Großinquisitors legt sich die Inquisition wie ein Schatten über das ganze Stück und läßt vor allem das Geschehen der letzten Akte in anderem Licht erscheinen. Seit Posa in Alcala mit Carlos seine politischen Ideen entwickelte, wurde er (ohne das Wissen Philipps) überwacht. Er konnte sich nur deshalb am spanischen Hof und in Europa politisch frei betätigen, weil an ihm ein Exempel statuiert werden sollte. Darüber klärt der Großinquisitor Philipp auf: „Ihn schenkte/Der Notdurft dieses Zeitlaufes Gott,/In seines Geistes feierlicher Schändung/Die prahlende Vernunft zur Schau zu führen./ Das war mein überlegter Plan" (V/10, V. 5180–5184). Posas politische Pläne, sein Bemühen um Carlos und Philipp – all dies erweist sich rückblickend als ein von vornherein zum Scheitern verurteiltes Scheingefecht.

Das Auftreten des Großinquisitors läßt auch Philipp in anderem Licht erscheinen. Zu Beginn des *Don Carlos* will er (anscheinend aus freien Stücken) den Freiheitskampf der Niederlande und die Ketzerei brutal unterdrücken (vgl. I/6, V. 890–900). Doch in der vorletzten Szene entpuppt sich der mächtigste Herrscher der Welt als untertäniges Instrument der Kirche. Philipp beugt die Knie vor einer Macht, die sich in seinem Staat verselbständigt hat. Das historische Verhältnis von König und Inquisition wird damit umgekehrt. Dadurch erreicht Schiller zweierlei: Zum einen wird so der König *und* Mensch Philipp in Schutz genommen. Denn Grausamkeit und Unmenschlichkeit werden in der Hauptsache von der Inquisition und dem Großinquisitor verantwortet. Zum anderen richtet sich somit die im *Don Carlos* enthaltene Kritik nicht primär gegen den Staat Philipps, sondern gegen die Inquisition.

Diese Schwerpunktsetzung entspricht auch Schillers ursprünglichem Interesse am historischen Stoff. Von Anfang an zog die Gestalt „eines grausamen heuchlerischen Inquisitors" (Schiller an Reinwald, 27. März 1783) Schillers Interesse auf sich. Und die Inquisition war es auch, an der er seine ersten Absichten mit dem Stück festmachte: „Außerdem will ich es mir in diesem Schauspiel zur Pflicht machen in Darstellung der Inquisition die prostituirte Menschheit zu rächen, und ihre Schandfleken fürchterlich an den Pranger zu stellen" (Schiller an Reinwald, 14. April 1783).

Die im *Don Carlos* enthaltene Kritik richtet sich also eher gegen eine sich verselbständigende Institution im Staat als gegen den Staat und seinen Herrscher selbst. Natürlich ist mit der Darstellung der Inquisition auch eine Kritik an dem despotischen System verbunden, das eine solche Einrichtung hervorbringt und ermöglicht. Weil aber Philipp im Zusammenhang mit der Inquisition eine eher passive Rolle spielt und in gewissem Sinn selbst Betroffener der Inquisition wird, erfährt auch die Kritik am spanischen Absolutismus und damit indirekt auch am zeitgenössischen Feudalismus eine Milderung.

Schiller konnte nicht wagen, einen Monarchen an den Pranger zu stellen, ohne persönliche Repressionen befürchten zu müssen. Bereits die negative Darstellung der Inquisition enthielt genügend politischen Zündstoff, wie Schillers Befürchtungen anläßlich einer Aufführung des *Don Carlos* in Hamburg zeigen: „Ich weiß nicht zu bestimmen, wie weit in Hamburg die Toleranz geht. Ob z.B. ein Auftritt des Königs mit dem Großinquisitor statt finden kann" (Schiller an Schröder, 13. Juni 1787).

Methodisch-didaktische Überlegungen

Durch das Auftreten des Großinquisitors erscheint das Dramengeschehen, vor allem die mit Posa verbundene politische Thematik, in einem anderen Licht: Alle Hauptakteure sind im ausgelegten Netz der Inquisition gefangen, die auf diese Weise allmächtig und allgegenwärtig wirkt. Aus diesem Grund wird zum Abschluß der werkimmanenten Analyse diese Einrichtung näher untersucht.

Im *Don Carlos* sind zur Inquisition nur

M 8

Die Inquisition in Spanien

Am Sonntag Trinitatis 1559 fand in Valladolid, damals Residenz Philipps II., eines jener schauerlichen Feste statt, die unter dem Namen Autodafé in die Geschichte Spaniens eingegangen sind. Vierzehn Tage zuvor angekündigt, sollten an diesem Tag 30 als Ketzer verurteilte Personen ihr Buße erleiden. 15 waren für das Feuer bestimmt. Doña Juana, die Schwester Philipps, vertrat den in Flandern weilenden König. Zugegen war auch Philipps Sohn Don Carlos, allerdings nicht freiwillig.
Zwischen dem Gefängnis und der Plaza Mayor hatte man für die gaffende Menge Holztribünen aufgestellt; kein Platz blieb leer. Die Opfer schritten, Schandmitren auf dem Kopf und Stricke um den Hals, zur Plaza; unter ihnen eine so prominente Persönlichkeit wie Dr. Agustin de Cazalla, einst Lieblingsprediger Karls V. Er trug eine brennende Kerze und war in einen *sanbenito* gehüllt, das schmachvolle, mit Teufeln und Flammen bemalte Gewand der zum Feuertod Verurteilten. Da Dr. Cazalla widerrufen hatte, wurde seine Strafe abgemildert: Tod durch Erdrosseln mit der Garrotte, bevor das Feuer seinen Leib verzehren würde.
Das Zeremoniell der Ketzerverbrennung, teils zur Mahnung der Gläubigen gedacht, teils farbenprächtiges und aufregendes Volksschauspiel gleich den Stierkämpfen späterer Zeit, dauerte den ganzen Tag. Der Dominikanerpater Cano, rechte Hand des Generalinquisitors Valdés, hielt zuvor eine stundenlange Predigt. Die Regentin und der Infant leisteten danach den Schwur, die Ketzerei ohne Standesrücksichten bis zum letzten faulen Glied auszurotten. Nach Verlesung der vom heiligen Tribunal gefällten Urteile wurden die Unglücklichen der weltlichen Exekutive übergeben, da der *Consejo de la Suprema y General Inquisición* streng darauf sah, sich nicht mit Blut zu beschmutzen. Man führte die Todeskandidaten auf Eselrücken zu einem Platz vor der Puerta del Campo, wo die Scheiterhaufen aufgeschichtet waren.
Die an jenem Dreifaltigkeitstag gleichfalls zum Feuertod verdammte Doña Leonor de Viero, Cazallas Mutter, war zum Bedauern des Tribunals vor dem Urteil verstorben, wahrscheinlich an den Folgen der Folter. Da blieb nichts anderes übrig, als eine Schandpuppe mit Narrenkappe und dahinter den Sarg zum Scheiterhaufen zu bringen und beides den Flammen zu übergeben.
Das Autodafé von 1559 lief programmgemäß und ohne störenden Zwischenfall ab. Doch 1569, als König Philipp Ketzerverbrennungen *en suite* durch seine persönliche Anwesenheit eine besondere Weihe verlieh, ereignete sich ein ärgerlicher Zwischenfall: Die Flammen hatten den Strick, an dem der Delinquent Juan Sánchez angebunden war, versengt, so daß dieser vom Scheiterhaufen sprang und bei brennendem Leib umherlief, bis man ihn ins Feuer zurückstieß. Seiner Gemahlin Juana war es gelungen, eine Schere zum Richtplatz mitzunehmen um sich die Gurgel zu durchschneiden. Um das Urteil wenigstens symbolisch zu vollziehen, verbrannte man sie wie Doña Leonor als ausgestopfte Puppe. [...]
Ihre eigentliche Form als Institution erhielt die Ketzerverfolgung unter den

Katholischen Königen Isabella von Kastilien und Ferdinand von Aragón, durch deren Vermählung 1469 ein national- und gottesstaatliches Spanien entstand, trotz der Cortes nahezu absolutistisch regiert unter der Devise „Ein Gott, ein Glaube, ein König." Ein uniformierter Glaube garantierte die staatliche Uniformität, und darüber wachte, gleich einem Staatssicherheitsdienst, die *Suprema,* wie man das oberste Ketzergericht abgekürzt nannte.
Die verschärfte Form der spanischen Ketzerverfolgung trug den Namen „Neue Inquisition", wobei die Katholischen Majestäten Wert auf weitgehend autonome Stellung gegenüber der Kurie legten. Die päpstliche Bulle vom 1. November 1478 enthielt das Zugeständnis Sixtus' IV., der spanischen Krone die Entscheidung über die Besetzung der Tribunale und das Verfügungsrecht über eingezogene Ketzervermögen zu überlassen; nur die Bischöfe durften nicht belangt werden. Zwar hörte Ferdinand gelegentliche Einsprüche von seiten Roms an und gestand ein Mitspracherecht des Papstes bei der Ernennung des Generalinquisitors zu, doch im wesentlichen arbeitete er darauf hin, die Inquisition seiner eigenen Leitung zu unterstellen.
Die Krone erzielte einen totalen Sieg, als am 17. Oktober 1483 das päpstliche Einverständnis zur Bestallung von Tomás de Torquemada, des Inquisitors von Kastilien, zum Generalinquisitor des gesamten Königreichs erfolgte. Damit stand ein Mann des königlichen Vertrauens an der Spitze der Suprema. Dieser finstere Fanatiker, dessen Schatten noch lange nach seinem Hinscheiden über Spanien liegen sollte, war Beichtvater der Königin Isabella und hatte Schwierigkeiten bei deren Vermählung mit Ferdinand aus dem Weg geräumt. Er nahm der kastilischen Herrscherin das Gelöbnis ab, die Ketzer radikal zu verfolgen. [...]
Die große Zeit der Inquisition in Spanien begann 1492 nach der Einnahme Granadas, der letzten islamischen Bastion auf iberischem Boden. Dieses Jahr, vielleicht das wichtigste der spanischen Geschichte, brachte der Krone Macht- und Geldzuwachs, leitete die Entdeckung der Neuen Welt ein und steigerte das gesamtspanische Nationalgefühl, das jetzt erst recht auf dem gemeinsamen Glauben basierte. Ein guter Untertan hatte zugleich ein guter Katholik zu sein. Wer in den Verdacht nur der geringsten Abweichung geriet, sollte ausgemerzt werden. Und verdächtig machten sich die zahllosen islamischen Mauren und die vom Islam stets tolerant behandelten Juden, die nach dem Fall Granadas integriert werden mußten. Während viele Mauren nach Nordafrika entwichen, verordnete man am 31. März 1492 die Vertreibung der Juden, soweit sie sich nicht taufen ließen. Viele machten davon Gebrauch und gehörten nun zur großen und meist vermögenden Schicht der *conversos* (Konvertierten). Die zurückbleibenden und gleichfalls konvertierten Mauren hießen *moriscos.* [...]
Der spanischen Inquisition kam für ihre lange Machtausübung ihre hierarchische Ordnung zugute, mit der Suprema an der Spitze und Tribunalen in allen Provinzen und bis zu kleinsten Orten. Man muß den Gerichten zubilligen, daß sie, ehe sie zu harten und grausamen Maßnahmen schritten, es zunächst mit erträglichen Anwendungen versuchten. Doch wenn sich kein Geständnis erreichen ließ, griff man stufenweise zu strengeren Mitteln, etwa zur Geißelung. Das Opfer erhielt einen Strick um den Hals; soviel Knoten er aufwies, sovielmal wurden 100 Hiebe ausgeteilt. Häufig legte man auch die Daumenschraube an, die

sich beliebig anziehen ließ. Den Foltermeister mußte der weltliche Henker machen. Unter der *garrucha* verstand man einen Flaschenzug, an dem man das Opfer mit gebundenen Händen zur Decke emporzog, mit Gewichten an den Füßen, die man, falls erforderlich, vermehrte. Beim Verfahren der *toca* goß man dem Delinquenten durch einen Stofftrichter krügeweise Wasser in den Schlund. Beim *potro* wurde der Ketzer mit Stricken an die Folterbank gebunden; der Henker drehte an den Enden, daß die Fesseln immer stärker in das Fleisch schnitten. Die Opfer, gleich welchen Geschlechts, mußten sich entkleiden. Zweifellos spielten bei der Tortur auch sadistische und sexuelle Momente mit.
Helfershelfer der Inquisition waren die *familiares,* denen vor allem die Ketzerjagd oblag. Der Angeklagte wurde mit seinem Ankläger nie konfrontiert und wußte oft gar nicht, was er bekennen sollte. Man staunt heute über die Delikte der Angezeigten. So hatte einer am Wochenende sein Bettlaken gewechselt: Reinlichkeit galt als heidnisch. Erschütternde Protokolle sind erhalten, so die Aussage einer Frau namens Elvira, die Schweinefleisch nicht mochte und deshalb in den Verdacht des Judaismus geriet: „Señor, Ihr wißt nun die Wahrheit. Señores, habt um Gottes willen Erbarmen mit mir. Ach, Señor, nehmt diese Dinger von meinen Armen. Sehen Sie denn nicht, daß diese Leute mich töten? Ich habe es getan, ja – laßt mich los, um Gottes willen!" [. . .]
Es ist heute schwierig, die Inquisition und ihre Auswüchse auch nur halbwegs zu begreifen. Das Hauptmotiv lag in der Vorstellung einer im Glauben der alleinseligmachenden Kirche verwirklichten göttlich-menschlichen Ordnung, die anzugreifen oder auch nur anzuzweifeln zugleich Gotteslästerung und Rebellion gegen die weltliche Obrigkeit war. Man macht auch geltend, daß Spanien durch die Ausrottung der Ketzerei Glaubensspaltung und Religionskriege mit weitaus größeren Verlusten an Menschenleben erspart geblieben seien. Andererseits entstand der spanischen Krone durch Ausmerzung und Vertreibung aktivster Volksteile, die in Handel, Gewerbe und Handwerk eine wichtige Rolle spielten, ein nicht wiedergutzumachender ökonomischer Schaden.
Was aus der Sicht unserer Tage vor allem unverständlich erscheint und allenfalls durch die Manipulierbarkeit der Menschen erklärbar ist: Die Masse der spanischen Bevölkerung bejahte die Inquisition. Zwar gab es anfangs Opposition, so in Aragón und Katalonien, wo die Kaufmannschaft um ihre freiheitlichen Rechte fürchtete und die Gefahr witterte, um so eher für ketzerisch erklärt zu werden, als sie vermögend war. Doch davon abgesehen, hielt das Volk die blutige Arbeit der Tribunale für richtig. Für die Menge galten die Verurteilten als Ausgestoßene. Am Tag des Autodafés in Valladolid riefen die Schaulustigen im Chor: „¡A muerte!" – Zum Tod! Ketzerverbrennungen waren eine Selbstverständlichkeit, bei deren Anblick niemandem der Atem stockte. Auf dem Gemälde „Autodafé in Ávila" von Pedro Berruguete sehen wir unter den Zuschauern einen dickleibigen Priester, der, während die Ketzer ihr Martyrium erleiden, gelangweilt eingenickt ist.
Die Morgendämmerung des Geistes im Zeitalter der Aufklärung führte zur Auflösung der Tribunale. Doch bis zum Jahre 1826 lag noch der Schatten Torquemadas über dem Land.

Aus: Merian, Juni 1984, S. 66ff.)

Arbeitshinweise:
- *Welche politischen Motive standen hinter der spanischen Inquisition?*
- *Wie war die Inquisition als Institution aufgebaut?*
- *Wieso wollte die Krone über die Besetzung der Tribunale entscheiden?*
- *Wie verhielt sich die Masse der Bevölkerung zur Inquisition?*

Andeutungen enthalten. Was diese Institution eigentlich war und was sie für die Betroffenen bedeutete, wird erst wirklich deutlich, wenn zusätzliche Informationen zu ihrer historischen Realität herangezogen werden. Mit Hilfe von M 8, das gemeinsam gelesen und im Unterrichtsgespräch anhand der beigefügten Fragen besprochen wird, können Funktion und Arbeitsweise der historischen Inquisition in Spanien verdeutlicht werden (Phase 1).

Anschließend wird die Darstellung der spanischen Inquisition im *Don Carlos* selbst untersucht. Nach der gemeinsamen Lektüre der Szene V/10 werden an der Person des Großinquisitors charakteristische Merkmale der Inquisition im Unterrichtsgespräch erarbeitet. Dabei wird vor allem besprochen, mit welcher Absicht Schiller historische Tatsachen, insbesondere die Rolle der Inquisition, im Stück verändert haben könnte und wie sich die Allmacht der Inquisition auf die Handlungsweise der Hauptakteure auswirkt (Phase 2).

Als Hausaufgabe wird anhand eines Textes von Schiller das Thema dieser Stunde vertieft.

Unterrichtsverlauf

Phase 1: Die historische Inquisition

Konkret tritt im *Don Carlos* die Inquisition nur in Gestalt des Großinquisitors auf. Was diese kirchliche Institution eigentlich war und was sie für die Betroffenen bedeutete, wird über die im Stück enthaltenen Andeutungen hinaus erst wirklich deutlich, wenn zusätzliche historische Berichte herangezogen werden.

M 8 (Die Inquisition in Spanien) enthält einen Text, der besonders anschaulich Wesen und Wirken der Inquisition in Spanien beschreibt. Während der gemeinsamen Lektüre von M 8 überlegen sich die Schüler Antworten auf die beigefügten Kontrollfragen. Im einzelnen ergibt sich anschließend:

- Die Inquisition wurde als Stütze für den Herrschaftsanspruch des absolutistischen Königs eingerichtet. Ein Volk war leichter von *einem* König zu regieren, wenn seine Glaubenshaltung einheitlich war. Zugleich konnte religiös erklärt werden, daß die staatliche Ordnung gottgewollt war. Der König war Herrscher von Gottes Gnaden, und der Zweifel daran war deswegen Gotteslästerung und Rebellion gegen die weltliche Obrigkeit in einem.
- Die oberste Instanz der Inquisition war die Suprema unter dem Vorsitz des General- oder Großinquisitors. Ihr waren die einzelnen Tribunale unterstellt, die in den Provinzen Gericht hielten. Die Tribunale fällten nur die Urteile. Die Anwendung der Folter und die öffentlichen Hinrichtungen wurden von der weltlichen Gewalt ausgeübt.
- Die Inquisition war für den König auch ein politisches Mittel, Widerstand im Inneren zu unterdrücken, um auf diese Weise seine politische Herrschaft zu

stabilisieren. Aus diesem Grund wollte der König bei der Besetzung der Tribunale entscheiden.
- Das spanische Volk bejahte im großen und ganzen die Inquisition. Die öffentlichen Hinrichtungen waren Ereignisse, die sich kaum jemand entgehen lassen wollte.

Phase 2:
Die Inquisition im Don Carlos

Die Unmenschlichkeit der Inquisition will Schiller auch im *Don Carlos* zeigen. Dazu hat er am Ende des Stücks mit dem Auftreten des Großinquisitors eine dramatisch wirksame Szene eingebaut. Unter der Leitfrage *Wie stellt Schiller die Inquisition im „Don Carlos" dar?* wird V/10 mit verteilten Rollen gelesen. Bei der Besprechung der Szene sollten auch folgende Impulse und Fragen eingebracht werden:
- Wie ist das Verhältnis von König und Großinquisitor? Welche Rückschlüsse lassen sich daraus ziehen?
- Warum hat Schiller das historische Verhältnis umgekehrt?
- Formulieren Sie anhand der letzten Äußerungen des Großinquisitors das politische Programm der Inquisition!
- Was bedeutet es, wenn der Großinquisitor als alter und blinder Mann beschrieben wird?
- Erläutern Sie Macht und Reichweite der Inquisition in ihrer Beziehung zu Posa (V. 5151–5161)!
- Wie wirkt sich die Allmacht der Inquisition auf die Handlungsmöglichkeiten der Betroffenen aus?

Dementsprechend zeigt sich an der Szene V/10:
- Der Großinquisitor kritisiert den König und weist ihn zurecht. Die Inquisition ist eine Macht, die sich verselbständigt hat und der sogar der König unterworfen ist. Schiller hat damit bewußt das historische Verhältnis umgekehrt.
- Da den Schülern Schillers politische Absichten bekannt sind (vgl. 7./8. Stunde), dürfte ihnen leicht klar werden, daß Schiller Philipp auf diese Weise in Schutz nimmt, um nicht durch seine Kritik an einem Monarchen sein Stück und sich selbst zu gefährden.
- Das Programm der Inquisition lautet: Jeder Freiheitswille ist zu unterdrücken, auch wenn dafür Tod und Verwesung gewählt wird. Vor der Autorität des Glaubens zählt keine „Stimme der Natur".
- Die Inquisition ist eine alte und fest etablierte Einrichtung in Spanien. Für die Menschlichkeit ist sie blind.
- Das ganze Vorhaben Posas ist bereits von Anfang an zum Scheitern verurteilt. Alle sind im ausgelegten Netz der Inquisition verstrickt, das nach Belieben zugezogen werden kann. Die Inquisition erscheint dadurch allmächtig und allgegenwärtig.
- Alle Hauptakteure besitzen nur scheinbar eine politische, aber auch private Handlungsfreiheit. Die Inquisition läßt sie gewähren und frei agieren, solange sie ihre Machtinteressen nicht gefährdet sieht.

Hausaufgabe

In seiner Schrift *Geschichte des Abfalls der Vereinigten Niederlande von der spanischen Regierung* hat Schiller die Arbeitsweise der Inquisition und ihre Auswirkungen auf das menschliche Zusammenleben beschrieben. Um durch Schillers Sicht ihre Kenntnisse zu vertiefen, lesen die Schüler den Text *Friedrich Schiller: Die Auswirkungen der Inquisition* aus der Klett-Ausgabe des *Don Carlos* anhand folgender Fragestellung:
- Wie arbeitete die Inquisition?

- Wie wirkte sich die Inquisition auf das menschliche Zusammenleben aus?

Stundenziele

Die Schüler sollen
- Wesen und Wirken der historischen Inquisition in Spanien kennenlernen,
- Schillers Darstellung der Inquisition im *Don Carlos* beschreiben,
- Rolle und Bedeutung der Inquisition im Stück erklären.

14./15. Stunde: Die Frage nach dem Tragischen im *Don Carlos*

Sachanalyse

In der Fachwissenschaft wird der *Don Carlos* übereinstimmend als Tragödie aufgefaßt. Uneinigkeit dagegen herrscht, von welcher Art diese Tragödie sei und welche Gestalten als tragisch angesehen werden müßten.

Üblicherweise wird das Stück wegen seiner „doppelspurigen Thematik" als Familientragödie und als Politische Tragödie angesehen (Becker-Centarino 1975, S. 165). Andernorts wird sogar eine vierfache Tragödie ausgemacht: „Es ist die Tragödie der Freundschaft, die Tragödie des Vertrauens, die Tragödie der Menschlichkeit in der Menschheitsgeschichte und die Tragödie der staatlichen Despotie wie der staatskirchlichen Omnipotenz" (Müller 1959, S. 108f.). Solche Ausführungen werden von dritter Seite als „interpretatorische Bankrotterklärung, die das eigentlich Unvereinbare dennoch zusammentragen will" (Koopmann 1979, S. 87), gewertet und mit dem Versuch beantwortet, das Drama als einfache Familientragödie zu verstehen (a.a.O., S. 106). In anderen Ansätzen wird dagegen das Politische im Drama betont und der *Don Carlos* als Politische Tragödie gedeutet, etwa weil hier utopische Ziele zur Triebfeder politischer Aktivität werden (Jöns 1977, S. 82 und Scholz 1982, S. 26f. und S. 65).

Vielversprechender als solch globale Kategorisierungen erscheinen Bemühungen, das Tragische an einzelnen Figuren des Werks festzumachen, kann doch ohne tragische Gestalt das Stück als Ganzes nicht zur Tragödie werden. Nach gängiger Auffassung sind Posa, Carlos und Philipp tragische Gestalten. Posa etwa will mit seinem Freiheitsideal einen absoluten Wert in einer bedingten Welt durchsetzen und muß damit untergehen (von Wiese 1955, S. 200). Carlos erscheint als „tragisches Opfer der dunklen und unberechenbaren Mächte der Geschichte" (a.a.O., S. 204), das für die Ideen der Freundschaft und Freiheit stirbt: „In solchem gleichnishaften Sterben verschmilzt das Allerpersönlichste mit dem Überpersönlichen, und die Idee gewinnt den tragischen Gegenkräften der Geschichte einen Sieg ab, der alles Irdische vor das Forum der Ewigkeit stellt" (a.a.O., S. 205). Philipp dagegen gilt als tragisch, weil er in seiner Machtposition auf alles Menschliche zu verzichten hat: „Philipps Tragödie ist der Einbruch des Menschlichen in die despotisch erstarrte politische Macht, die sich nach seiner eigenen Auffassung nur dort behaupten kann, wo sie unmenschlich ist" (a.a.O., S. 207). Solche wortgewaltigen Ausführungen zur Tragik einzelner Figuren stoßen anderswo auf Ablehnung: „Allein die Tragik des Königs ist in dem dramatischen Gedicht wirklich enthalten, nur scheinbar eine solche des Posa, keinesfalls eine Tragik des Carlos" (Storz 1959, S. 143).

Angesichts der sich widersprechenden Fachwissenschaftler drängt sich der Verdacht auf, daß das germanistische Stimmengewirr auf einem unterschiedlichen und wahrscheinlich unreflektierten Gebrauch von *tragisch* bzw. *Tragödie* beruht. Durch die für ihre Fachwissenschaft nicht untypische Art der Diskussion beweisen die Autoren die Notwendigkeit begrifflicher Klärungen als Voraussetzung für die Überprüfbarkeit ihrer Aussagen.

Um überprüfbare Aussagen über den tragischen Gehalt des *Don Carlos* zu machen, muß vorab geklärt sein, was unter *tragisch* und *Tragödie* verstanden werden soll.

Als sicheres Fundament für unsere Feststellungen bietet sich zum einen die Klärung unseres alltagssprachlichen Gebrauchs von *tragisch* bzw. *Tragödie* an. Wendungen wie *Tragisches Schicksal – Lottogewinner todkrank* oder *Tragödie von Brüssel – 35 Tote,* die sich beliebig fortsetzen ließen, weisen auf einen umfassenden Gebrauch dieser Vokabel hin. *Tragisch* wird dabei im Sinne von *erschütternd* verwendet. Dieser Bedeutungsgehalt reicht aber nicht aus, das spezifisch Tragische literarischer Gestalten zu bestimmen. Die Tragödien der Dichtung verlangen, wie sich zeigen wird, mehr als ein erschütterndes, schlimmes Ende.

Eine andere Möglichkeit wäre die normative Festlegung des Tragischen durch den Rekurs auf gängige Theorien der Tragödie. In Frage kämen hierfür etwa Aristoteles, Lessing, Hegel und Hebbel. Bei einem solchen Vorgehen kann aber nur schwer begründet werden, warum gerade diese Theorie und nicht eine andere normative Grundlage für eine Bestimmung des Tragischen im *Don Carlos* sein soll.

Im Hinblick auf den *Don Carlos* erscheint uns somit sinnvoll, der Frage nachzugehen, was im Zeitalter Schillers unter Tragik zu verstehen ist. Schiller selbst hat einige Jahre nach der Entstehung des *Don Carlos* mit verschiedenen Arbeiten *(Über den Grund des Vergnügens an tragischen Gegenständen (1792), Über die tragische Kunst (1792), Über das Pathetische (1793)* ganz wesentliche Beiträge zur Theorie der Tragödie geleistet. So ist es naheliegend, die für Schillers eigenes Verständnis von *Tragödie* maßgeblichen Einsichten zur Beurteilung des *Don Carlos* heranzuziehen.

Mit Kant sieht Schiller den Menschen im Zwiespalt zwischen sinnlich-triebhafter, also natürlicher Neigung auf der einen und geistig-erkennbarer moralischer Pflicht auf der anderen Seite. Während etwa die vernunftmäßig erkennbare Pflicht ein uneigennütziges Handeln im Sinne des Allgemeinwohls verlangt, drängen unsere natürlichen Neigungen bisweilen zu egoistischem Verhalten.

Im Konfliktfall hat für Schiller immer der Anspruch des Geistes zu siegen. Triebe haben auch die Tiere. Allein dem Menschen jedoch ist es durch seine Geistigkeit möglich, sein individuelles Handeln den Prinzipien einer allgemeinen und damit höherwertigen Zweckmäßigkeit unterzuordnen. Für das Überleben einer Gemeinschaft kann es z.B. nötig sein, daß der einzelne seine Neigungen unterdrückt, vielleicht sogar sein Leben opfert, auch wenn sich gegen diese Einsicht der Selbsterhaltungstrieb bis auf das Äußerste sperrt.

Damit nun eine dramatische Figur im Sinne Schillers als tragisch gilt, müssen die folgenden Bedingungen erfüllt sein (vgl. M 9 und M 10):

1. Der tragische Held befindet sich in einem unauflösbaren Zielkonflikt. Dies kann der Konflikt zwischen Anforderungen des Geistes und der Sinnlichkeit sein, aber auch der zwischen verschiedenen moralischen Pflichten. Wie immer sich der Held entscheidet, er verstößt gegen eines der miteinander unvereinbaren Ziele.

2. Der tragische Held muß sich im Konfliktfall für die Anforderungen des Geistes oder für die höherwertige Pflicht entscheiden. So entscheidet er sich einerseits gegen seine persönliche Neigung und für die moralische Pflicht. Besteht andererseits der Konflikt zwischen moralischen Pflichten, etwa der Liebe zum Freund und der Liebe zum Vaterland, hat die Entscheidung zugunsten der höherwertigen Pflicht zu erfolgen.

3. Der tragische Held muß den Konflikt leidend erleben. Das Leiden entsteht durch die Voraussicht der persönlichen Katastrophe (etwa des Todes), die bei moralisch richtigem Handeln eintreffen wird. Dabei muß das Leiden als übermächtig erscheinen. Denn nur so wird der Sieg des Geistes über die Sinnlichkeit in seiner Größe erkennbar, und nur dann wird die Existenz moralischer Prinzipien bewiesen, welche höher stehen als die Ansprüche der individuellen Natur.

Diese Bestimmung des Tragischen geht in erheblichem Maße über das hinaus, was umgangssprachlich als tragisch gilt. Gemeinsam ist beiden Fällen zwar die Katastrophe, aber der unauflösbare Zielkonflikt und die freie Entscheidung eines Helden zugunsten der allgemeinen Pflicht ist keine notwendige Eigenschaft der Tragödien, von denen wir außerhalb des Theaters sprechen.

Welche Gestalten im *Don Carlos* sind nun tragisch im Sinne Schillers? Elisabeth ist vorab auszuklammern. Ihr Schicksal im Stück bleibt offen, und nichts deutet auf eine persönliche Katastrophe der Königin hin.

Deutlich wird sofort, daß Posa die Bedingungen des Tragischen nicht erfüllt. Der tragische Konflikt könnte bei ihm zwar gesehen werden zwischen dem jedem Menschen eigenen Trieb zur Selbsterhaltung einerseits und der Liebe zum Freund wie auch zur politischen Vision anderer-

aus: Über den Grund des Vergnügens an tragischen Gegenständen, 179.

M 9

Beispiel einer tragischen Gestalt (nach Schiller)

Die demokratisch regierte Stadt Tusculum wird von den als grausam und barbarisch geltenden Brutinern belagert. Die Stadt ist uneinnehmbar, und die Brutiner denken schon daran, wieder abzuziehen. Doch da gelingt es ihnen, die Kinder des Stadtkommandanten Aristokrates in ihre Gewalt zu bekommen. Sie stellen Aristokrates vor die Wahl: Entweder er übergibt die Stadt kampflos oder die Kinder werden vor seinen Augen hingerichtet.

Aristokrates liebt seine Kinder über alles. Schweren Herzens entscheidet er sich dafür, die Stadt nicht zu übergeben. Daraufhin ermorden die Brutiner die Kinder vor den Augen des Vaters.

Arbeitshinweis:

– Ist Aristokrates auf eine besondere Weise tragisch?

M 10

Der tragische Mensch
(nach Schiller)

Die Tragödie wäre demnach dichterische Nachahmung einer zusammenhängenden Reihe von Begebenheiten (einer vollständigen Handlung), welche uns Menschen in einem Zustand des Leidens zeigt.
(F. Schiller, Über die tragische Kunst) 1792

Darstellung des Leidens – als bloßen Leidens – ist niemals Zweck der Kunst, aber als Mittel zu ihrem Zweck ist sie derselben äußerst wichtig. Der letzte Zweck der Kunst die die Darstellung des Übersinnlichen[1], und die tragische Kunst insbesondere bewerkstelligt dieses dadurch, daß sie uns die moralische Independenz[2] von Naturgesetzen im Zustand des Affekts[3] versinnlicht. Nur der Widerstand, den es gegen die Gewalt der Gefühle äußert, macht das freie Prinzip in uns kenntlich; der Widerstand aber kann nur nach der Stärke des Angriffs geschätzt werden. Soll sich also die Intelligenz im Menschen als eine von der Natur unabhängige Kraft offenbaren, so muß die Natur ihre ganze Macht erst vor unseren Augen bewiesen haben. Das Sinnenwesen muß tief und heftig leiden; Pathos[4] muß da sein, damit das Vernunftwesen seine Unabhängigkeit kundtun und sich handelnd darstellen könne.
(F. Schiller, Über das Pathetische) 1793

Diejenige Dichtungsart also, welche uns die moralische Lust in vorzüglichem Grade gewährt, muß (...) uns durch den Schmerz ergötzen. Dies tut vorzugsweise die Tragödie, und ihr Gebiet umfaßt alle möglichen Fälle, in denen irgendeine Naturzweckmäßigkeit[5] einer moralischen oder auch eine moralische Zweckmäßigkeit[6] der andern, die höher ist, aufgeopfert wird.
(F. Schiller, Über den Grund des Vergnügens an tragischen Gegenständen) 1792

1 Übersinnliches:	*Geist, Verstand, Vernunft, geistige und moralische Werte*
2 moralische Independenz:	*Unabhängigkeit der Moral*
3 Affekt:	*Gefühlsaufwallung*
4 Pathos:	*Leid, Leiden*
5 Naturzweckmäßigkeit:	*Sinnlichkeit, Triebe, Neigungen, Bedürfnisse*
6 moralische Zweckmäßigkeit:	*Pflicht, moralische Werte wie Freiheit, Freundschaft, Vaterlandsliebe, etc.*

Arbeitshinweise:
- *In welchem Konflikt befindet sich der Mensch in der Tragödie?*
- *Wie entscheidet sich der tragische Held?*
- *Warum muß er leiden?*
- *Warum gewährt der tragische Held dem Zuschauer eine moralische Lust?*

seits. In beiden Fällen stellt Posa seine persönlichen Ansprüche zugunsten seiner moralischen Pflicht zurück.
Daß jedoch Posa für seinen Freund stirbt, glaubt allein Carlos. Philipp dagegen erkennt, daß Carlos nicht das Ziel, sondern lediglich das Mittel zum höheren politischen Zweck war. Wenn also ein Konflikt bei Posa anzunehmen ist, dann derjenige zwischen der Verwirklichung seiner politischen Ideen und der Erhaltung des eigenen Lebens.
Der Posa, den Schiller auf die Bühne stellt, kennt einen solchen Konflikt jedoch nicht. Posa lebt ausschließlich für sein Ideal der politischen Befreiung der Niederlande, ja des ganzen Spanien. Diesem Ziel ordnet er alles unter. Auch Menschen werden im Sinne dieses Ideals taktisch verwendet. Sogar sein eigener Tod ist von Posa kühl und zweckbezogen kalkuliert. Er wird, wie Elisabeth bemerkt, nicht als persönliches Leid erfahren, sondern als zur Erfüllung des Ideals nötig angesehen und geradezu stolz genossen (vgl. IV/21, V. 4380–4386). Posa befindet sich während des ganzen Stücks in keiner Situation, in der er sich leidend vor eine tragische Entscheidung gestellt sieht.
Anders scheint dies bei Carlos zu sein. Nach Posas Tod muß er sich entscheiden zwischem individuellem Anspruch, nämlich der Liebe zu Elisabeth, und der Pflicht, das Ideal eines freien Spaniens zu verwirklichen und damit gleichzeitig den Pflichten seiner Freundschaft zu Posa zu genügen. Carlos entscheidet sich für die Pflicht und gegen die Neigung.
Allerdings entspringt diese Entscheidung nicht einer wirklich tragischen Situation: Carlos erhebt sich zwar endlich über seine Neigung und wendet sich dem höheren Ideal zu, doch für seine Liebe zu Elisabeth wäre ohnehin keine Erfüllung möglich gewesen. Elisabeth hat ihm unmißverständlich klargemacht, daß Carlos nicht einmal als König die eigene Stiefmutter heiraten könnte (vgl. I/5, V. 729–744). Dies will Carlos nicht wahrhaben, und der tragische Konflikt, soweit er überhaupt vorhanden ist, beruht auf einer Selbsttäuschung.
Angesichts der Gefährlichkeit des Unternehmens, zu dem Carlos sich entschließt, könnte der tragische Konflikt auch in dem Widerspruch zwischen dem politischen Ideal und der Freundschaftspflicht einerseits sowie der Selbsterhaltung andererseits gesehen werden. Doch ist sich Carlos bei seiner Entscheidung für die Befreiung der Niederlande und die Erfüllung der Freundespflicht der Unausweichlichkeit seines Todes nicht bewußt. Das Durchleben eines Konfliktes und das Leiden durch bewußte Inkaufnahme der persönlichen Katastrophe fehlt somit.
Philipp dagegen scheint die Kriterien einer tragischen Gestalt in besonderem Maße zu erfüllen: Der Vater im Widerspruch zwischen der Liebe zum Sohn und seinen allgemeinen Pflichten als Staatsmann entscheidet sich gegen die persönliche Neigung und für die Staatsraison. Doch in dieser Hinsicht verstößt Philipp gleich zweifach gegen die Bedingungen des Tragischen: Er erfährt seine Entscheidung nicht als Konflikt, den er leidend durchleben müßte. An keiner Stelle zögert Philipp, den nie geliebten Sohn zu bestrafen, nachdem er von dessen Vorsatz weiß. Und bereits vor der Verhaftung des Sohnes kündigt er an, für den Treuebruch Posas Rache zu nehmen und dabei mit Carlos zu beginnen (V/9/V. 5075–5089). Wenn hier ein Konflikt vorhanden ist, dann kein tragischer: Das „Opfer“, das Philipp bringt, wird leicht gebracht. Er leidet dabei nicht, schlimmer noch, die Entscheidung gegen Carlos dient dem primitiven Trieb der Rache.
Aber selbst wenn Philipp seinen Sohn nur unter größten Qualen der Staatsraison op-

ferte, wäre er als tragische Figur nicht zu retten. Denn die vermeintlich höhere Pflicht, der Carlos geopfert wird, ist keine sittliche Idee, für die zu kämpfen und zu leiden gerechtfertigt werden könnte. Der durchlittene Konflikt wäre einer zwischen Liebe zum Sohn und Pflicht zur Tyrannei, zwischem menschlichem Trieb und Inquisition als höherem Ideal. Daß Philipp sich für die Aufrechterhaltung eines brutalen und menschenverachtenden Systems als höherer Pflicht entscheidet, disqualifiziert ihn von vornherein als tragischen Helden. Sieht man den tragischen Konflikt Philipps dagegen in dem Zwiespalt zwischen den Pflichten des Staatsmannes und denen der Liebe zum Freund (Posa), kommt zu dem letztgenannten Einwand ein weiterer hinzu: Als Philipp Posa erschießen läßt, ist dieser in seinen Augen bereits als Verräter entlarvt. Ein leidend durchlebter Konflikt zwischen politischer Pflicht und Freundschaft kann zu diesem Zeitpunkt nicht mehr existieren.

Die letzten beiden Einwände lassen auch seinen das ganze Stück durchziehenden Zwiespalt von Mensch und Rolle nicht zum tragischen Konflikt werden. Philipps Tragik kann nicht so gedeutet werden, daß am Ende das Individuum und der Mensch dem Staatsmann aufgeopfert werden. Seine menschlichen und individuellen Regungen waren in der Hauptsache mit Posa verbunden. Da diese Freundschaftshoffnung eine Selbsttäuschung war, ist nach dieser Erkenntnis eine Entscheidung für den Menschen und gegen den Despoten unmöglich geworden. Gesetzt der Fall, Philipp müßte in einem wirklich tragischen Konflikt seine individuellen Regungen dem Staatsmann aufopfern, so würde für eine Tragik die moralische Zweckmäßigkeit fehlen.

Philipp ist also keine tragische, sondern allenfalls eine mitleidserregende Gestalt. Wir können die menschliche Enttäuschung des betrogenen Königs nachempfinden. Auch wirkt es erschütternd, daß Philipp mit seinem Wunsch nach einem Freund und nach Menschlichkeit zum Opfer seines eigenen menschenverachtenden Systems wird, das ihm diese Gefühle nie erlaubt. Durch diese „Aura des Leidens" ist Philipp aber nicht „in den Bereich des Tragischen gerückt" (Scholz 1982, S. 34), wie vielfach angenommen wird. Leid allein schafft noch keine tragische Gestalt.

Damit hat Schiller im *Don Carlos* keine Figur so konzipiert, daß sie seinen eigenen Bedingungen des Tragischen voll genügen würde. Seiner Tragödientheorie ist dies nicht anzulasten. Deren Tragfähigkeit erweist sich in der Anwendung auf seine klassischen Dramen. Am Beispiel der *Jungfrau von Orleans,* des *Wallenstein* und der *Maria Stuart* kann gezeigt werden, daß Schiller durchaus tragische Gestalten gelungen sind, die seinen Kriterien entsprechen.

In *Die Jungfrau von Orleans* (vgl. M 11) befindet sich die Hauptgestalt Johanna d'Arc im Konflikt von persönlicher Neigung und allgemeiner Pflicht. Johannas Mission ist die Rettung des Vaterlandes vor der Eroberung durch England. Allerdings kann sie Frankreich nur retten, wenn sie der Heiligen Mutter Gottes das Gelübde gibt, als reine Jungfrau das französische Heer anzuführen. Damit muß sie aller Weiblichkeit und allen persönlichen Neigungen entsagen.

Zum Konflikt kommt es, als sie für den Engländer Lionel Liebe empfindet. In einem Monolog stellt Schiller eindringlich Johannas Leiden in dieser Konfliktsituation dar: Ganz Frankreich feiert einen Sieg über England, nur Johanna steht in Gedanken an Lionel verzweifelt abseits.

Entscheiden muß sich Johanna, als Lionel ihre Liebe erwidert und sie bittet, seine Frau zu werden. Sie entscheidet sich jedoch für die Pflicht dem Vaterland gegenüber und entsagt damit allen persönlichen Neigungen und Gefühlen.

Im *Wallenstein* können wir die Tragik nicht an der Hauptgestalt festmachen. Diese ist äußerst kompliziert und bedürfte ausführlicher Vorklärungen. Statt dessen bestimmen wir mit Max Piccolomini die Tragik einer Nebengestalt, die deutlicher und somit für unsere Zwecke brauchbarer ist (vgl. M 12).

Max ist kaiserlicher Offizier und durch seinen Treueeid an den Kaiser gebunden. In Wallenstein hat er einen väterlichen Freund gefunden, der ihn großzog und dem er seine Stellung verdankt. Zudem liebt Max Thekla, die Tochter Wallensteins. Als Wallenstein vom Kaiser abfällt und sich mit den protestantischen Schweden verbündet, gerät Max in einen tragischen Konflikt: Schließt er sich Wallenstein mit den von ihm befehligten Truppen an, bricht er seinen Eid. Zudem muß er dann gegen den eigenen Vater, Octavio Piccolomini in den Krieg ziehen. Hält er sich an den Eid, muß er gegen den väterlichen Freund kämpfen.

Im Gespräch mit Thekla zeigt Schiller eindringlich, wie Max an diesem Konflikt leidet: Verzweifelt sucht er den richtigen Weg.

Max löst den Konflikt dadurch, daß er mit seinen Truppen gegen die Schweden kämpft und dabei stirbt. Seine Entscheidung läßt sich somit in dem Sinne deuten, daß für ihn die Eidestreue höherwertig ist. Er kämpft gegen die Feinde des Kaisers und die Verbündeten Wallensteins.

Allerdings sucht er bewußt den Tod, um einen Kampf gegen Wallenstein selbst zu vermeiden. Dies läßt darauf schließen, daß beide Pflichten für ihn gleichwertig sind. Gegen keine wollte Max verstoßen. Um nicht schuldig zu werden, opferte er sich selbst. Max begründet dies damit, daß bei seiner Entscheidung „nicht das Große“, sondern „nur das Menschliche geschehe“. Der eigentliche Konflikt wird somit auf einen anderen verlagert: nämlich zwischen der Erhaltung des Lebens und Menschlichkeit, d.h. Schuldlosigkeit an anderen Menschen. Max entscheidet sich für das Ideal der Menschlichkeit. Dieses gebietet ihm, sich selbst aufzuopfern, bevor er an anderen Menschen schuldig wird.

Die Tragödie der Maria Stuart ist nicht so einfach nachzuvollziehen. Maria befindet sich im Konflikt zwischen der Erhaltung des Lebens und Bewahrung ihrer Freiheit (vgl. M 13). Als tragisch kann dieser Konflikt nur verstanden werden, wenn man sich vorher Klarheit über Schillers Freiheitsbegriff verschafft hat.

Für Schiller ist Freiheit Gattungsmerkmal des Menschen: „Alle anderen Dinge müssen; der Mensch ist das Wesen, welches will“ (Die folgenden Zitate sind Schillers Schrift *Über das Erhabene* entnommen). Freiheit bedeutet hier die Fähigkeit des Menschen, sich über natürliche und gesellschaftliche Zwänge hinwegsetzen zu können. Tiere gehorchen in ihren Handlungen Trieben. Der Mensch kann dagegen seine Triebe vernunftgeleitet beherrschen. In einem Punkt wird aber deutlich, daß sich der Mensch nicht über alle Zwänge hinwegsetzen kann: „Gegen alles, sagt das Sprichwort, gibt es Mittel, nur nicht gegen den Tod. Aber diese einzige Ausnahme (...) würde den ganzen Begriff des Menschen aufheben. Nimmermehr kann er das Wesen sein, welches will, wenn es auch nur einen Fall gibt, wo er schlechterdings muß, was er nicht will (...); seine gerühmte Freiheit ist absolut nichts, wenn er auch nur in einem einzigen Punkte gebunden ist.“

Aber auch hier kann der Mensch seine Freiheit bewahren: Die Macht des Todes und anderer unumgänglicher Zwänge wird vernichtet, wenn sich ihr der Mensch freiwillig unterwirft. Allerdings erfordert dies ein Verständnis von Freiheit, das für das Alltagsbewußtsein nur schwer nachvollziehbar ist: „Diese Sinnesart aber, welche die Moral unter dem Begriff der Resignation in die Notwendigkeit und die Religion unter dem Begriff der Ergebung in den göttlichen Ratschluß lehret, erfordert, wenn sie ein Werk der freien Wahl und Überlegung sein soll, schon eine größere Klarheit des Denkens und eine höhere Energie des Willens, als dem Menschen im handelnden Leben eigen zu sein pflegt."

Freiheit bedeutet für Schiller Einsicht in Notwendigkeit. Nur der Mensch ist frei, der physikalische und moralische Gesetze erkennt und danach handelt. Wird eine bestimmte Handlung notwendig, bleibt der Mensch nur frei, wenn er sich dieser Notwendigkeit unterwirft. So kann ein todkranker Mensch seine Freiheit bewahren, wenn er seine Krankheit akzeptiert. Unnütze Heilungsversuche machen ihn zum triebgeleiteten Wesen, das nur an seine Selbsterhaltung denkt.

Weil Freiheit Gattungsmerkmal des Menschen ist, wird es für Schiller zur moralischen Pflicht, Freiheit zu erreichen. Moralität und Freiheit bedingen sich wechselseitig: „Der moralische Mensch, und nur dieser, ist ganz frei." Freiheit ist somit in gleicher Weise ein Ideal wie Freundschaft oder Vaterlandsliebe.

Im Blickfeld dieser Auffassung von Freiheit wird der tragische Konflikt Marias deutlich: Maria droht das Todesurteil, und sie will nicht sterben. Um ihr Leben zu erhalten, unternimmt sie alle möglichen Rettungsversuche. So erreicht sie auch ein Gespräch mit Elisabeth, von der sie sich eine Begnadigung erhofft. Doch Elisabeth erwartet, daß Maria sich vollends erniedrigt und in Zukunft auf Würde und Stellung einer Königin verzichtet. Maria muß sich während des Gesprächs entscheiden: Sie kann ihr Leben retten, muß sich dafür aber jede Würde und Freiheit nehmen lassen. Ihre Freiheit kann sie in diesem Gespräch und in Zukunft nur bewahren, wenn sie bereit ist, den Tod anzunehmen. Maria sieht die Notwendigkeit ihres Todes ein (auch als Buße für den Gattenmord) und entscheidet sich für das Ideal der Freiheit.

Marias Leiden entsteht durch die Voraussicht des Todes: Bis zu dem Gespräch mit Elisabeth zeigt Schiller ausführlich, wie sehr Maria am Leben hängt und für ihre Rettung alles mögliche unternimmt, dieses Leiden mit ihrer Entscheidung aber überwindet.

Der klassische Schiller hat also tragische Figuren geschaffen, die seinen eigenen theoretischen Vorgaben entsprechen. Im *Don Carlos*, einem Werk der Übergangszeit, ist dies noch nicht gelungen. Erst seine anschließenden Kant-Studien gaben Schiller die Grundlage für eine fundierte Auseinandersetzung mit Fragen der Ästhetik. Unter dem Einfluß Kants entstanden auch die dramaturgischen Schriften, in denen sich Schiller Klarheit über die Beschaffenheit tragischer Figuren verschaffte.

Schiller wollte zwar bereits mit dem *Don Carlos* eine Tragödie schreiben, der Untertitel *Ein dramatisches Gedicht* statt *Trauerspiel* oder *Tragödie* zeigt jedoch seine Befürchtungen, die literarische Öffentlichkeit werde dieses Werk nicht als solche auffassen. Prompt kam auch von Wieland eine Kritik in dieser Richtung: „Ich habe den Don Karlos einen dramatischen Roman genannt: denn daß ein Drama von beynahe 32 Bogen vom Verfasser selbst mehr zum Lesen oder Vorlesen als für würkliche Vorstellung auf der Bühne bestimmt sey, kann wohl keine Frage seyn; aber eben darum kann es ihm zu keinem Vorwurf gereichen, daß es mehr eine Reye mit einander verknüpfbarer Dialogen, als ein eigentlicher, in Plan und Ausführung regelmäßiges Trauerspiel ist. Hr. Sch. wollte nach einem sich selbst ausgedachten Ideal arbeiten; wollte kein Werk weder nach den Mustern der Griechen, noch der Franzosen, aufstellen ..." (zit. nach Pörnbacher 1982, S. 171f.).

Erst der klassische Schiller hat den Mut, die Gattungsbezeichnung *Trauerspiel* oder sogar *romantische Tragödie* zu verwenden. Zwar entsprechen auch die klassischen Dramen nicht dem Muster der Franzosen und Griechen, doch das „ausgedachte Ideal", nach dem Schiller arbeitet, ist durch seine theoretische Beschäftigung mit dieser Problematik in sich geschlossener geworden. Der *Don Carlos* läßt sich als Tragödie noch kritisieren. Bei einem bereits durch die formale Gestaltung bestechenden Werk wie *Maria Stuart* ist dies nicht mehr möglich.

Methodisch-didaktische Überlegungen

In diesen beiden Stunden sollen die Schüler einerseits erfahren, was eine Tragödie ausmacht, und andererseits den *Don Carlos* als solche beurteilen.

Tragödie und *tragisch* sind Wörter der Umgangssprache. Wir können somit am Sprachgebrauch der Schüler ansetzen und im Unterrichtsgespräch einen ersten Reflexionsprozeß über das Tragische im allgemeinen und das Tragische im *Don Carlos* in Gang setzen (Phase 1).

Was unter einer literarischen Tragödie im Unterschied zu einer alltagssprachlichen Tragödie zu verstehen ist, kann das Beispiel einer tragischen Situation und eines tragischen Helden nach Schiller (M 9) zeigen (Phase 2). Dieser Weg führt von der Anschauung zur Theorie: Erst nachdem anschaulich geworden ist, was man unter einer tragischen Gestalt zu verstehen hat, kann eine begriffliche Theorie des Tragischen mit Hilfe von M 10 formuliert werden. Dort sind zentrale Textstellen aus Schillers dramaturgischen Schriften zusammengestellt.

Anhand von M 10 erarbeiten sich die Schüler selbständig Kriterien für die Beurteilung einer tragischen Gestalt (Phase 3). Wenn die Schüler die gewonnenen Kriterien in einer Gruppenarbeitsphase auf die Gestalten im *Don Carlos* anwenden, ergibt sich das verblüffende Resultat, daß keine dieser Gestalten ohne Abstriche als tragisch zu bezeichnen ist (Phase 4).

Die Schüler müssen erkennen, daß dies an Schillers unzureichender Konzeption der Gestalten liegt, nicht aber an seiner Theorie. Zu diesem Zweck wird Schillers Theorie des Tragischen auf seine klassischen Dramen angewendet. Alternativ bieten wir hier die *Jungfrau von Orleans*, den *Wallenstein* und die *Maria Stuart* an. Der Inhalt dieser Dramen ist mit den für unsere Problemstellung relevanten Textstellen in M 11, M 12 und M 13 dargestellt. Anhand dieser Arbeitsblätter ist zu erkennen, daß die darin behandelten Figuren nach Schillers eigenen Kriterien als tragisch zu bezeichnen sind (Phase 5). So nähern sich die Schüler bereits hier der Einsicht, daß dem *Don Carlos* die Reife fehlt und daß er ein Drama der Übergangszeit ist.

Unterrichtsverlauf

Vorphase: Besprechung der Hausaufgabe

Als Antwort auf die gestellten Fragen ergibt sich: Die Inquisition richtet nach Gesetzen, die Ausdruck von Bosheit und Wahnsinn sind. Bloßer Verdacht genügte, um vor ein Tribunal gestellt zu werden, und Geständnisse wurden durch die Folter erpreßt. Da dem Delinquenten die An-

klagepunkte nicht bekannt waren, gestand er auf Verdacht, also Verbrechen, die er niemals begangen hatte. Das Vermögen des Verurteilten wurde einbehalten, der Denunziant belohnt.
In der Bevölkerung breitete sich Angst und Schrecken aus, weil jeder befürchten mußte, aus Neid und Habgier denunziert zu werden. Durch dieses Mißtrauen wurden alle menschlichen Bindungen zerstört.

Phase 1:
Der umgangssprachliche Gebrauch von „tragisch" und „Tragödie"

Die Schüler zählen zuerst Ereignisse auf, die sie nach ihrem Sprachgebrauch als tragisch bezeichnen. Die Beispiele werden an der Tafel gesammelt. In der Regel bewegen sich die genannten Beispiele innerhalb des folgenden Rahmens:
- tragischer Unfall (Unfall mit vielen Toten);
- tragisches Schicksal (Lottogewinner erfährt, daß er todkrank ist; Mutter verliert durch Unfall erst Mann, dann Sohn, dann Tochter);
- Familientragödie (Vater erschießt Mutter und Kinder);
- Liebestragödie (ein Liebespaar begeht Selbstmord, weil die Eltern gegen die Beziehung sind).

Die Frage, warum wir diese Ereignisse tragisch nennen, führt zu etwa dieser Beschreibung des umgangssprachlichen Gebrauchs: Tragische Ereignisse wirken auf uns erschütternd. Unter den besonderen Umständen empfinden wir sie als sehr schlimm. Für die betroffenen Personen bedeutet das Ereignis eine Katastrophe.
Damit ein Spannungsbogen erzeugt und Problembewußtsein erreicht wird, gehen die Schüler mit Hilfe ihres Definitionsversuches der Frage nach, ob eine Gestalt im *Don Carlos* tragisch ist. Ein eindeutiger Erwartungshorizont kann hier nicht angegeben werden: Es bleibt der subjektiven Empfindung des einzelnen überlassen, ob das Schicksal irgendeiner Gestalt als erschütternd empfunden wird. Philipp etwa könnte deshalb als tragisch empfunden werden, weil er genau in dem Augenblick betrogen wird, in dem er erstmals eine offene und ehrliche Beziehung zu einem Menschen sucht. Die Tragödie von Carlos könnte darin gesehen werden, daß er gerade dann sterben muß, wenn er den Sinn seiner Existenz begriffen hat und sich daran macht, ihn zu verwirklichen. Posas Schicksal mag vielleicht deswegen erschüttern, weil sein großartig angelegtes Vorhaben im letzten Augenblick scheitert und weil sich herausstellt, daß er das Opfer seines Lebens umsonst gebracht hat.

Phase 2:
Beispiel für eine tragische Gestalt (nach Schiller)

Der erste Schritt zur Bestimmung des Tragischen in der Literatur im Unterschied zum alltäglichen Gebrauch von *Tragödie* erfolgt über das anschauliche Beispiel einer tragischen Gestalt (M 9). Das in M 9 enthaltene Beispiel ist sinngemäß Schillers Schrift *Über den Grund des Vergnügens an tragischen Gegenständen* entnommen. Damit es leichter verständlich wird, haben wir es ausgeschmückt und bedeutungsträchtige Namen verwendet (Aristokrates = Adel des Geistes; Brutiner = gemein, niederträchtig).
M 9 wird still gelesen unter der Leitfrage *Ist Aristokrates auf eine besondere Weise tragisch?* Im anschließenden Unterrichtsgespräch sollten folgende Punkte angesprochen werden:
- Typisch für einen tragischen Vorgang ist, daß die Situation schlimme Folgen hat. Aristokrates muß leidvoll zusehen, wie die Kinder vor seinen Augen getötet werden.

- Spezifisch für dieses Beispiel ist, daß sich Aristokrates in einer Konfliktsituation befindet: Er muß sich zwischen der Rettung seiner Kinder und der Rettung der Stadt entscheiden. Eine solche Konfliktsituation kennt der umgangssprachliche Gebrauch nicht, wenn etwa von einem tragischen Unfall oder einem tragischen Schicksal die Rede ist (müßte Aristokrates beispielsweise hilflos zusehen, wie die Kinder bei einem Unfall ertrinken, bliebe ihm die Möglichkeit der Rettung versagt).
- Spezifisch für dieses Beispiel scheint auch die Art und Weise zu sein, wie sich Aristokrates entscheidet: Er stellt die Pflicht der Stadt gegenüber höher als die Vaterliebe. Die alternative Entscheidung hätte ihn nicht zur tragischen Figur gemacht. Aristokrates würde als egoistischer Mensch gelten, der nur an seine eigenen Belange denkt.

Als notgedrungen noch vage Merkmale des Tragischen sind somit festzuhalten:
- der tragische Held leidet,
- der tragische Held befindet sich in einer Konfliktsituation, in der er sich zwischen zwei Möglichkeiten entscheiden muß, von denen jede schlimme Folgen hat,
- er entscheidet sich auf eine bestimmte Weise, d.h. die umgekehrte Entscheidung würde ihn nicht zur tragischen Gestalt machen.

Phase 3:
Schillers (theoretisches) Verständnis von Tragik

Die in der vorausgehenden Phase gewonnenen Merkmale sind nun genauer zu fixieren. Dabei muß auch erklärt werden, warum der tragische Held leiden muß, welcher Art der Konflikt ist, in dem er sich befindet, und wie der Konflikt gelöst werden muß. Grundlage für die exakte Bestimmung von *tragisch* sind zentrale Textstellen aus Schillers dramaturgischen Schriften (M 10).

Wegen der Schwierigkeit der Textauszüge empfiehlt sich eine gemeinsame laute Lektüre und eine Besprechung unklarer Passagen. Anschließend beantworten die Schüler schriftlich die Fragen zu M 10. Folgende Ergebnisse sind nach der Arbeitsphase im Unterrichtsgespräch anzustreben:
- Eine tragische Figur befindet sich entweder im unauflösbaren Konflikt von Sinnlichkeit (= Naturzweckmäßigkeit) und Geist (= moralische Zweckmäßigkeit) oder im Konflikt zweier moralischer Pflichten, wobei die eine höhergestellt ist.
- Im Konflikt von Geist und Sinnlichkeit siegt der Anspruch des Geistes. Den Konflikt zweier moralischer Pflichten muß der tragische Held lösen, indem er sich für die moralisch höhergestellte Pflicht entscheidet. Der tragische Held opfert sich in der Konfliktlösung gleichsam der moralischen Zweckmäßigkeit auf.
- Der tragische Held muß leiden. Denn nur im Leid kann er sich als geistiges Wesen erweisen.
- Der tragische Held beweist die Unabhängigkeit des moralisch handelnden Menschen von den Ansprüchen der Triebe; er beweist, daß moralische Prinzipien höher stehen als die Ansprüche der Sinnlichkeit.

Die von den Schülern gewonnenen Einsichten sollten während der Besprechung in einen Tafelanschrieb zusammengefaßt werden (siehe Stundenblatt).

Als Vertiefung und zur Verständniskontrolle, zugleich aber auch als Vorübung für die nächste Phase sind im Unterrichtsgespräch die Bedingungen des Tragischen unter der Leitfrage *Ist Aristokrates im*

Sinne Schillers tragisch? auf das Beispiel anzuwenden. Neben dieser Leitfrage sind zur Verdeutlichung auch noch Hilfsfragen vorzugeben:

1. Liegt eine tragische Konfliktsituation vor?
2. Erfolgt die Konfliktlösung für die (höhere) moralische Pflicht?
3. Leidet der Mensch?

Die Schüler müßten leicht erkennen, daß Aristokrates alle Bedingungen erfüllt und ohne Abstriche als tragische Gestalt gelten kann:

- Aristokrates befindet sich in einer Konfliktsituation. Diese läßt sich verstehen als Konflikt von Geist und Sinnlichkeit (Pflicht der Stadt gegenüber und Liebe zu den Kindern), aber auch als Konflikt der moralischen Werte Vaterliebe und Vaterlandsliebe.
- Aristokrates entscheidet sich für den Anspruch des Geistes. Zugleich akzeptiert er auch, daß die Vaterlandsliebe höherwertiger ist als die Vaterliebe.
- Aristokrates leidet in diesem Entscheidungsprozeß und beweist damit die Größe seiner moralischen Entscheidung.

Phase 4:
Die Anwendung von Schillers Bedingungen des Tragischen auf den Don Carlos

Die in Phase 3 gewonnenen Kriterien werden nun herangezogen, um über die mögliche Tragik einzelner Personen im *Don Carlos* urteilen zu können. Zuerst ist zu klären, welche Gestalten hierfür ins Blickfeld rücken. Da Tragik für die betroffene Person den Tod oder die persönliche Katastrophe bedeutet, kommen als mögliche tragische Gestalten nur Posa, Carlos und Philipp in Betracht. Elisabeth kann ausgespart bleiben. Ihr Schicksal bleibt im dunkeln.

Anhand der Leitfrage *Sind Posa, Carlos und Philipp im Sinne Schillers tragisch?* untersuchen die Schüler in Gruppenarbeit die Tragik dieser Gestalten. Dazu werden drei Gruppen gebildet, wobei jede Gruppe alle drei Personen behandelt. Nach Beendigung der Gruppenarbeit trägt die erste Gruppe ihr Resultat über Posa vor. Es folgt die zweite Gruppe mit Carlos, dann die dritte mit Philipp. Nach jedem Vortrag korrigieren die beiden anderen Gruppen (oder stimmen zu).

Es empfiehlt sich, im Vortrag die Reihenfolge Posa-Carlos-Philipp einzuhalten: Der Schwierigkeitsgrad in der Beurteilung (und damit auch die Spannung!) steigt allmählich.

Durch die Gruppenarbeit gelangen die Schüler zur Einsicht, daß keine der betreffenden Figuren im *Don Carlos* ohne Abstriche als tragisch zu bezeichnen ist. Im einzelnen ist dies wie folgt zu begründen:

- Posa befindet sich an keiner Stelle des Stücks in einer Konfliktsituation. Er lebt nur durch und für seine Ideale. So wird er auch nie vor eine Entscheidung gestellt, die für ihn mit einem Leidensprozeß verbunden sein könnte.
- Carlos befindet sich im Konflikt zwischen seiner Liebe zu Elisabeth und den Idealen Posas sowie dem Ideal der Freundschaft. Am Ende des Stücks entscheidet sich Carlos für die Ideale Posas und das Ideal der Freundschaft. Dieser Konflikt besteht jedoch nur scheinbar: Für Carlos' Liebe zu Elisabeth wäre keine Erfüllung möglich gewesen.

  Auch ist diese Entscheidung für Carlos mit keinem Leid verbunden: Weder kostet ihn die Überwindung der Liebe Mühe noch ist ihm in diesem Augenblick bewußt, daß er für seine Entscheidung sterben muß.
- Auf den ersten Blick erfüllt Philipp alle drei Bedingungen. Er befindet sich im Konflikt von seinen Pflichten als Staats-

mann und seinem Wunsch nach einem Freund. Am Ende entscheidet er sich für den Staatsmann, und der Entscheidungsprozeß ist für Philipp mit großem Leid verbunden.

Auch dieser Konflikt ist nur scheinbar: Philipp hätte sich nie für den Freund entscheiden können, weil dieser nie existierte. Ferner opfert sich Philipp keiner moralischen Zweckmäßigkeit auf, und so verliert er jede Tragik.

Dieser Einwand gilt auch, wenn Philipps tragischer Konflikt zwischen den Pflichten des Staatsmannes und der Liebe zum Sohn gesehen wird. Der Sohn wird nicht einer den Zuschauer überzeugenden moralischen Pflicht geopfert. Auch fehlt der Entscheidung Philipps das Leiden.

Philipp kann im Grunde kein tragischer Mensch sein. Weil die moralische Zweckmäßigkeit seines Handelns im Stück fehlt, ist er von vornherein zu keiner tragischen Entscheidung fähig.

Phase 5: (evtl. Hausaufgabe)
Johanna d'Arc, Max Piccolomini und Maria·Stuart als tragische Gestalten

Die Schüler sollen erkennen, daß die fehlende Tragik im *Don Carlos* der Konzeption einzelner Gestalten, nicht aber Schillers Kriterien anzulasten sind. Zum Abschluß soll ihnen deshalb gezeigt werden, daß Schiller in späteren Werken tragische Figuren geschaffen hat, die seinen eigenen theoretischen Anforderungen genügen.

In M 11, M 12 und M 13 ist der Inhalt von *Die Jungfrau von Orleans, Wallenstein* und *Maria Stuart* mit den für unsere Problemstellung relevanten Textstellen dargestellt. Die einzelnen Arbeitsblätter sind so konzipiert, daß die Schüler die Tragik der jeweiligen Gestalt beurteilen können, ohne zuvor das ganze Drama lesen zu müssen.

Von den drei Beispielen ist nur eines im Unterricht zu behandeln. Die Auswahl überlassen wir dem Lehrer, wobei es folgendes zu bedenken gilt: Am einfachsten ist *Die Jungfrau von Orleans* zu bearbeiten. Es dürfte keine Schwierigkeiten machen, den tragischen Konflikt, die Konfliktlösung und das Leid Johannas zu erkennen. Nachteilig ist im Grunde nur, daß das Drama zu den wenig geschätzten Werken Schillers gehört.

Etwas schwieriger ist der *Wallenstein*. Dieses Beispiel sollte nur bei leistungsstarken Kursen gewählt werden. Konflikt und Leid Max Piccolominis liegen offen. Die Konfliktlösung ist hingegen nicht so leicht zu bewerten. Unbefriedigend ist auch, daß nicht die Hauptgestalt herangezogen wird. Der Hinweis, daß Wallenstein in der erforderlichen Kürze nicht zu behandeln ist, klingt nach Ausflüchten.

Maria Stuart sollte nur gewählt werden, wenn das Drama bereits in anderen Klassenstufen behandelt wurde. Ansonsten könnte sie allenfalls von sehr guten Leistungskursen bearbeitet werden. Auf jeden Fall, auch wenn das Drama den Schülern geläufig sein sollte, ist zuvor Schillers Freiheitsbegriff zu erläutern. Den Schülern muß klar werden, daß Freiheit für Schiller einen moralischen Wert darstellt.

Für die *Maria Stuart* spricht, daß sie als das klassische Werk von Schiller schlechthin gilt und zum Kanon der Schullektüre gehört.

Die Schüler lesen das vom Lehrer ausgewählte Beispiel und beantworten schriftlich den beigefügten Arbeitshinweis in Einzelarbeit. Jeweiliges Resultat sollte sein:

1. Die Jungfrau von Orleans

– Johanna befindet sich im Konflikt von persönlicher Neigung (Liebe zu Lionel) und allgemeiner Pflicht (Gelübde, aller

M 11

Schillers *Die Jungfrau von Orleans*
Johanna d'Arc als tragische Gestalt

Im 15. Jahrhundert befinden sich England und Frankreich im Krieg. England ist in Frankreich eingefallen und steht kurz davor, das ganze Land zu erobern. Da tritt eine unerwartete Wendung ein. An die Spitze des französischen Heeres stellt sich das Bauernmädchen Johanna d'Arc. Sie verwirrt die Feinde und reißt das eigene Volk zur kriegerischen Begeisterung mit. Ganz Frankreich schöpft wieder Hoffnung.
Johanna behauptet von sich, im Auftrag der Heiligen Mutter Gottes das Vaterland zu befreien. Ihren Auftrag kann sie aber nur erfüllen, wenn sie Jungfrau bleibt und aller Weiblichkeit entsagt. Somit muß sie alle Heiratsanträge der französischen Ritter ablehnen:

Hoch ehrt mich dieser edeln Ritter Wahl;
Doch nicht verließ ich meine Schäfertrift,
Um weltlich eitle Hoheit zu erjagen,
Noch, mir den Brautkranz in das Haar zu flechten,
Legt ich die ehrne Waffenrüstung an.
Berufen bin ich zu ganz anderm Werk –
Die reine Jungfrau nur kann es vollenden.
Ich bin die Kriegerin des höchsten Gottes,
Und keinem Manne kann ich Gattin sein.
(3. Akt/4. Szene)

Mit Johanna eilt Frankreich von Sieg zu Sieg. In einer Schlacht wird Johanna jedoch mit dem Engländer Lionel in einen Zweikampf verwickelt. Schon hat sie ihn besiegt, da sieht sie sein Gesicht und empfindet Liebe für ihn. Aus diesem Gefühl heraus verschont sie ihn.
Bei der Siegesfeier zu Reims muß Johanna an dieses Erlebnis denken:

Und e i n e r Freude Hochgefühl entbrennet,
Und e i n Gedanke schlägt in jeder Brust;
Was sich noch jüngst in blutgem Haß getrennet,
Das teilt entzückt die allgemeine Lust;
(...)
Doch mich, die all dies Herrliche vollendet,
Mich rührt es nicht, das allgemeine Glück;
Mir ist das Herz verwandelt und gewendet,
Es flieht von dieser Festlichkeit zurück –
Ins britsche Lager ist es hingewendet,
Hinüber zum Feinde schweift der Blick,
Und aus der Freude Kreis muß ich mich stehlen,
Die schwere Schuld des Busens zu verhehlen.

Wer? Ich? Ich eines Mannes Bild
In meinem reinen Busen tragen?

Dies Herz, von Himmels Glanz erfüllt,
Darf einer irdschen Liebe schlagen?
Ich, meines Landes Retterin,
Des höchsten Gottes Kriegerin,
Für meines Landes Feind entbrennen!

Warum mußt ich ihm in die Augen sehn,
Die Züge schaun des edeln Angesichts!
Mit deinem Blick find dein Verbrechen an,
Unglückliche! Ein blindes Werkzeug fordert Gott,
Mit blinden Augen mußtest dus vollbringen!
Sobald du sahst, verließ dich Gottes Schild,
Ergriffen dich der Hölle Schlingen!
(4. Akt/1. Szene)

Ihr Vater klagt sie bei der Siegesfeier an, mit dem Teufel im Bunde zu stehen. Johanna wird schuldig gesprochen und verbannt. Die Engländer schöpfen neuen Mut, und es gelingt ihnen, Johanna gefangen zu nehmen. Sie wird zu Lionel gebracht. In Ketten gelegt muß sie hören, daß die Engländer wieder Oberhand gewinnen.
Lionel bittet Johanna, seine Frau zu werden. Doch sie entgegnet ihm:

Du bist
Der Feind mir, der verhaßte, meines Volks.
Nichts kann gemein sein zwischen dir und mir.
Nicht lieben kann ich dich, doch wenn dein Herz
Sich zu mir neigt, so laß es Segen bringen
Für unsre Völker.
(5. Akt/9. Szene)

Johanna fleht inbrünstig zu Gott. Sie wird erhört. Wie durch ein Wunder fallen ihre Fesseln, und sie eilt zum Kampf. Noch einmal gelingt es ihr, Frankreich zu retten, doch in dieser Schlacht wird sie tödlich verwundet.

Arbeitshinweise:
– *Überprüfen Sie, ob Johanna nach Schillers Kriterien eine tragische Gestalt ist.*

Weiblichkeit zu entsagen, um Frankreich zu retten).
- Johanna löst diesen Konflikt, indem sie sich für die allgemeine Pflicht und gegen die persönliche Neigung entscheidet.
- Johanna leidet an der intensiven Liebe zu Lionel, die unerfüllt bleiben muß. Auch fühlt sie sich schuldig, ihr Gelübde gebrochen zu haben. Deutlich wird ihr Leid durch Ausdrücke wie „Unglückliche“. Auch ihr Bekenntnis, daß ihr Herz verwandelt und gewendet sei und daß sie der Hölle Schlingen ergriffen hätten, deutet auf ihr Leiden hin.

2. Wallenstein

- Max befindet sich im Konflikt zwischen der Liebe zum Vater und der Treuepflicht auf der einen sowie der Freundschaftspflicht auf der anderen Seite.

M 12

Schillers *Wallenstein*
Max Piccolomini als tragische Gestalt

Zur Zeit des 30jährigen Krieges steht Wallenstein auf der katholischen Seite und führt ein kaiserliches Heer an. Doch der Kaiser plant bereits seine Ablösung. Von diesem Vorhaben weiß in der Reihe seiner Offiziere nur der kaisertreue Octavio Piccolomini, der als Nachfolger Wallensteins vorgesehen ist.
Max Piccolomini, Octavios Sohn und Offizier Wallensteins, ist ein glühender Verehrer Wallensteins. Er fand in ihm einen väterlichen Freund und erhofft sich durch ihn einen dauerhaften Frieden. Zudem liebt er Wallensteins Tochter Thekla.
Wallenstein, der den kaiserlichen Plan ahnt, will der drohenden Entmachtung zuvorkommen. Er entschließt sich zum Verrat am Kaiser und will ein geheimes Bündnis mit den kaiserfeindlichen Schweden knüpfen. Er will Max dazu überreden, sich mit den von ihm befehligten Truppen gleichfalls vom Kaiser loszusagen und sich ihm anzuschließen. Dabei hofft Wallenstein auf den Kredit der väterlichen Freundschaft:

Ich habe dich gehalten und getragen
Von Kindesbeinen an – Was tat dein Vater
Für dich, das ich nicht reichlich auch getan?
Ein Liebesnetz hab ich um dich gesponnen,
Zerreiß es, wenn du kannst – Du bist an mich
Geknüpft mit jedem zarten Seelenbande,
Mit jeder heilgen Fessel der Natur,
Die Menschen an einander ketten kann.
(3. Akt/18. Szene/*Wallensteins Tod*)

Doch Max entgegnet ihm darauf:

Die Regimenter, die mir anvertraut sind,
Dem Kaiser treu hinwegzuführen, hab ich
Gelobt; dies will ich halten oder sterben.
Mehr fordert keine Pflicht von mir. Ich fechte
Nicht gegen dich, wenn ichs vermeiden kann,
Denn auch dein feindlich Haupt ist mir noch heilig.
(3. Akt/20. Szene/*Wallensteins Tod*)

Octavio will den Sohn überreden, sich von Wallenstein loszusagen und auf seine Seite zu stellen. Er erinnert ihn an den Eid dem Kaiser gegenüber. Doch Max entgegnet darauf:

Kein Kaiser hat dem Herzen vorzuschreiben.
(. . .)
Verschwende deine Worte nicht vergebens,
Dem Herzen folg ich, denn ich darf ihm trauen.
(2. Akt/7. Szene/*Wallensteins Tod*)

Max muß sich entscheiden. In einem Gespräch mit Thekla erhofft er sich Rat bei dieser Entscheidung:

Das ertrag ich nicht.
Ich kam hierher mit fest entschiedner Seele,
Ich glaubte, recht und tadellos zu tun,
Und muß hier stehen, wie ein Hassenswerter,
Ein roh Unmenschlicher, vom Fluch belastet,
Vom Abscheu aller, die mir teuer sind,
Unwürdig schwer bedrängt die Lieben sehn,
Dich ich mit einem Wort beglücken kann –
Das Herz in mir empört sich, es erheben
Zwei Stimmen streitend sich in meiner Brust,
In mir ist Nacht, ich weiß das Rechte nicht zu wählen.
(...)
Es gilt nicht, eine Krone zu gewinnen,
Das möchtest du mit klugem Geist bedenken.
Die Ruhe deines Freundes gilts, das Glück
Von einem Tausend tapfrer Heldenherzen,
Die seine Tat zum Muster nehmen werden.
Soll ich dem Kaiser Eid und Pflicht abschwören?
Soll ich ins Lager des Octavio
Die vatermörderische Kugel senden?
(...)
Nein, übereile dich auch nicht.
Ich kenne dich. Dem edeln Herzen könnte
Die schwerste Pflicht die nächste scheinen. Nicht
Das Große, nur das Menschliche geschehe.
Denk, was der Fürst (= Wallenstein) von je an mir getan;
(...)
O auch die schönen, freien Regungen
Der Gastlichkeit, der frommen Freundestreue
Sind eine heilige Region dem Herzen,
(...)
(3. Akt/21. Szene/*Wallensteins Tod*)

Max entschließt sich zum Freitod. Er stürzt mit den von ihm befehligten Truppen in den Kampf mit den kaiserfeindlichen Schweden, wohl wissend, daß er dabei sterben wird. Seinen Soldaten läßt er die Wahl, ob sie ihm folgen wollen:

Bedenket, was ihr tut. Es ist nicht wohlgetan,
Zum Führer den Verzweifelnden zu wählen.
(...)
Wer mit mir geht, der sei bereit zu sterben!
(3. Akt/23. Szene/*Wallensteins Tod*)

Arbeitshinweis:
- *Überprüfen Sie, ob Max Piccolomini nach Schillers Kriterien eine tragische Gestalt ist.*

M 13

Schillers *Maria Stuart*
Maria Stuart als tragische Gestalt

Maria Stuart, Königin Schottlands, wird angeklagt, ihren Mann ermordet zu haben. Sie flieht nach England, um bei der dortigen Königin Elisabeth Schutz zu finden. Elisabeth fürchtet in ihr jedoch eine Rivalin auf den englischen Königsthron und läßt sie gefangen nehmen. Maria droht das Todesurteil.
Maria empfindet ihre Gefangenschaft als entmündigend für eine Person ihres Ranges und ihrer Stellung. Sie ist ein lebensbejahender Mensch, der den Tod fürchtet. Nichts wünscht sie sich sehnlicher als ihre Freiheit:

Laß mich der neuen Freiheit genießen,
Laß mich ein Kind sein, sei es mit,
Und auf dem grünen Teppich der Wiesen
Prüfen den leichten, geflügelten Schritt!
Bin ich dem finstern Gefängnis entstiegen.
Hält sie mich nicht mehr, die traurige Gruft?
Laß mich in vollen, in durstigen Zügen
Trinken die freie, die himmlische Luft.
(...)
O Dank, Dank diesen freundlich grünen Bäumen.
Die meines Kerkers Mauern mir verstecken!
Ich will mich frei und glücklich träumen –
Warum aus meinem süßen Wahn mich wecken?
Umfängt mich nicht der weite Himmelsschoß?
(3. Akt/1. Szene)

Maria versucht mit allen Mitteln, ihrer Gefangenschaft zu entfliehen. Sie findet Verbündete, die ein Gespräch von Maria und Elisabeth arrangieren, bei dem Elisabeth Maria begnadigen soll. Elisabeth jedoch erwartet, daß sich Maria vollends erniedrigt, also für immer auf Würde, Rang und Stellung einer Königin verzichtet. Im Verlauf des Gesprächs beleidigt sie Maria zutiefst, um so zu zeigen, welche würdelose Stellung Maria in Zukunft einzunehmen hat. Maria wagt anfangs nicht zu widersprechen, aus Angst vor dem drohenden Todesurteil. Doch als die Beleidigungen heftiger werden, will sie sich nicht mehr mäßigen und entscheidet sich dafür, ihre erniedrigende Position nicht länger hinzunehmen:

Mäßigung! Ich habe
Ertragen, was ein Mensch ertragen kann.
Fahr hin, lammherzige Gelassenheit,
Zum Himmel fliehe, leidende Geduld,
Spreng endlich deine Bande, tritt hervor
Aus deiner Höhle, langverhaltner Groll –
Und du, der dem gereizten Basilisk
Den Mordblick gab, leg auf die Zunge mir
Den giftgen Pfeil –
(3. Akt/4. Szene)

Maria beleidigt ihrerseits Elisabeth, und damit ist ihr Todesurteil besiegelt. Auf die Gewißheit ihres Todes reagiert Maria in Gegenwart ihrer Kammerzofen wie folgt:

Was klagt ihr? Warum weint ihr? Freuen solltet
Ihr euch mit mir, daß meiner Leiden Ziel
Nun endlich naht, daß meine Bande fallen,
Mein Kerker aufgeht und die frohe Seele sich
Auf Engelsflügeln schwingt zur ewgen Freiheit.
Da, als ich in die Macht der stolzen Feindin
Gegeben war, Unwürdiges erduldend,
Was einer freien großen Königin
Nicht ziemt, da war es Zeit, um mich zu weinen!
– Wohltätig, heilend nahet mir der Tod,
Der ernste Freund! Mit seinen schwarzen Flügeln
Bedeckt er meine Schmach – den Menschen adelt,
Den tiefstgesunkenen, das letzte Schicksal.
Die Krone fühl ich wieder auf dem Haupt,
Den würdgen Stolz in meiner edlen Seele!
(5. Akt/6. Szene)

Arbeitshinweis:
– *Überprüfen Sie, ob Maria Stuart nach Schillers Kriterien eine tragische Gestalt ist.*

– Max löst den Konflikt vordergründig, indem er sich an den Treueeid hält und im Kampf mit den Feinden des Kaisers stirbt. Hintergründig löst er ihn durch seinen freiwilligen Tod, um durch seine Entscheidung nicht schuldig zu werden. Damit opfert er sich dem Ideal der Menschlichkeit, d.h. der Schuldlosigkeit an anderen Menschen.
– Sein Leid wird besonders deutlich durch Wendungen wie „In mir ist Nacht“ oder „Das ertrag ich nicht“.

3. Maria Stuart

– Maria befindet sich im Konflikt zwischen der Bewahrung des Lebens und der Bewahrung ihrer Freiheit. Sie kann nur frei bleiben, wenn sie den Tod akzeptiert. Ein mögliches Weiterleben ist mit dem Verlust der Freiheit verbunden.
– Maria entscheidet sich für die Freiheit und verzichtet auf die Erhaltung des Lebens. Sie lehnt jede Erniedrigung und Unterwerfung ab.
– Maria will leben. Der Tod bedeutet für sie Leid. Dies zeigen ihre Rettungsversuche. Auch ihre Äußerung, ihrer Leiden Ziel nahe endlich, verrät einen intensiven Leidensprozeß vor der Entscheidung.

Zum Abschluß der beiden Stunden sollte im Lehrervortrag kurz erläutert werden, woran es liegt, daß Schillers Tragödientheorie im *Don Carlos* nicht zum Tragen kommt: Dem *Don Carlos* fehlt die Reife. Schiller schrieb ihn zu einer Zeit, als sein Denken sich im Umbruch befand.

In den nächsten Stunden wird auf diese Einstufung des *Don Carlos* als ein Drama der Übergangszeit ausführlicher eingegangen.

Stundenziele

Die Schüler sollen
- über ihren alltäglichen Sprachgebrauch von *tragisch* bzw. *Tragödie* reflektieren,
- an einem anschaulichen Beispiel herausfinden, welches die Merkmale einer tragischen Figur in der Literatur im Unterschied zu einer tragischen Figur des Alltags sind,
- die Merkmale des Tragischen auf der Grundlage von Schillers Tragödientheorie begrifflich genau fixieren,
- anhand dieser Merkmale erkennen, daß keine der Gestalten im *Don Carlos* ohne Abstriche tragisch ist,
- erkennen, daß Schiller erst in seinen klassischen Dramen wirklich tragische Figuren geschaffen hat,
- erkennen, daß infolgedessen Vermutungen über konzeptionelle Schwächen des *Don Carlos* berechtigt sind.

16./17. Stunde: Die Epochenzuordnung des *Don Carlos:* Sturm und Drang oder Klassik?

Sachanalyse

Schillers *Don Carlos* ist ein Werk der Übergangszeit. Während der verhältnismäßig langen Entstehungsgeschichte erfuhr Schillers Denken einen Umbruch, der sich auch im *Don Carlos* niedergeschlagen hat: Das Werk enthält sowohl Elemente des Sturm und Drang als auch schon der Klassik. Es läßt sich nicht eindeutig einer bestimmten Epoche zuordnen.

Der sogenannte Sturm und Drang richtete sich gegen eine rein auf Vernunft begründete Kultur mit zunehmender Erstarrung in Regelhaftigkeit und Pedanterie. Die Künstler dieser Epoche lösten sich in einer derben, prosaischen Sprache von den tradierten Regeln und Bindungen poetischer Gesetze und wollten sich nur von der unmittelbaren, natürlichen Eingebung, vom Genie, leiten lassen. Diese Abkehr von allem Regelhaften geht in der Hauptsache auf eine Neubewertung des Gefühls zurück. In den Blickpunkt rückt der *individuelle* Mensch sowie seine Möglichkeiten zu einer uneingeschränkten Selbstverwirklichung. Nur im Gefühl als Ausdruck persönlicher Erlebnisweise kann sich das Individuum in reinster Form verwirklichen, sei es im Gefühl der Kraft, wie etwa bei Karl Moor, oder im Gefühl schwärmerischer Innerlichkeit, wie etwa bei Werther.

Im Streben nach gefühlsbetonter Selbstverwirklichung stößt das Individuum zwangsläufig auf gesellschaftliche Schranken. Der Anspruch des natürlichen Gefühls wird aber höher bewertet als alle Konvention. Durch ihr Aufbegehren gegen jede als unnatürlich angesehene Ordnung wurde die Dichtung des Sturm und Drang zum Protest gegen die bestehende Gesellschaft. Beliebtes Thema war die Anklage von Fürstenwillkür und Tyrannei: Das Individuum protestiert gegen eine ungerechte, alle Entfaltungsmöglichkeiten erstickende Gesellschaftsordnung – entweder in der Pose des Kraftburschen und Weltverbesserers oder mit dem Rückzug in die Innerlichkeit.

Der Einfluß des Sturm und Drang auf den *Don Carlos* ist zum einen in der fehlenden formalen Gestaltung des Werkes bemerkbar. Anders als in Schillers klassischen Werken wird bei der inhaltlichen Einteilung der Akte ein Aufbauprinzip vermißt. Bei den fünf Akten der *Maria Stuart* tritt Maria beispielsweise nur im ersten und vierten, Elisabeth hingegen nur im zweiten und fünften Akt auf. Im dritten Akt, der Peripetie, kommt es zu einer Begegnung. Eine ähnliche formale Durchdringung fehlt dem *Don Carlos*.

Der fehlende Gestaltungswille wird teilweise auch in der schlechten Motivierung der Handlung deutlich: Beispielsweise besitzt Carlos Briefe von Elisabeth (vgl. IV/5, V. 3621–3628), kennt also ihre Handschrift. Es wirkt somit unverständlich, daß er den Brief der Eboli irrtümlich für einen Brief Elisabeths hält (vgl. II/4). Auch die Notwendigkeit von Posas Opfertod wird aus der Handlung heraus nicht ganz einsichtig.

Am deutlichsten wird der Einfluß des Sturm und Drang in der Hauptgestalt Carlos, zu der Schiller bemerkte: „Karlos hat, wenn ich mich des Maases bedienen darf, von Shakespeares Hamlet die Seele – Blut und Nerven von Leisewiz Julius ..." (Schiller an Reinwald, 14. April 1783). Anders als die Kraftburschen Karl Moor und Fiesco, die sich mit verwegener Gebärde der Welt entgegenwerfen, ist Carlos wie Werther oder Julius von Tarent schwermütiger Innerlichkeit verfallen. Für ihn zählt nur noch das subjektive Gefühl der Liebe zu Elisabeth. Was er allein will, ist die Verwirklichung persönlicher Ansprüche. So sagt er von sich, „Daß Carlos nicht gesonnen ist, zu müssen/Wo er zu wollen hat ..." (I/5, V. 724–725). In seinem Wunsch nach Selbstverwirklichung gelten für ihn keine Konventionen mehr. Er ist nicht bereit, „der Unglückseligste/In diesem Reich zu bleiben, wenn es ihn/Nichts als den Umsturz der Gesetze kostet,/Der Glücklichste zu sein" (I/2, V. 726–729).

Typisch für die gefühlsbetonte Erlebnisweise des Sturm und Drang ist auch die Lust am Weinen. Die Individuen schämen sich ihrer Tränen nicht, sondern sehen darin den Ausdruck eines neuen Selbstbewußtseins. Als Carlos Posa nach langer Zeit wieder sieht, fließen Tränen (vgl. I/2, V. 180–182). Auch in der Begegnung mit Philipp weint Carlos. Als Philipp Tränen als unwürdig bezeichnet, fragt sich Carlos: „Wer ist das?/Durch welchen Mißverstand hat dieser Fremdling/Zu Menschen sich verirrt? – Die ewige/Beglaubigung der Menschheit sind ja Tränen;/Sein Aug' ist trocken, ihn gebar kein Weib" (II/2, V. 1077–1081).

In Abgrenzung von der aufklärerischen Vernünftigkeit ist für die Gestalten des Sturm und Drang auch die Hochschätzung des Herzens bezeichnend. Ein Adliger lobt beispielsweise Werther wegen seines Verstandes, und Werther meint dazu: „Auch schätzt er meinen Verstand und meine Talente mehr als dies Herz, das doch mein einziger Stolz ist, das ganz allein die Quelle von allem ist, aller Kraft, aller Seligkeit und alles Elends. Ach, was ich weiß, kann jeder wissen – mein Herz hab ich allein" (Brief vom 9. Mai 1771). Dementsprechend wird jede Gefühlsregung als Äußerung des Herzens gesehen. So spricht Carlos vom überströmenden Herzen (I/1, V. 116–117), vom kranken Herzen (I/2, V. 135), vom stolzen Herzen (I/2, V. 217) oder vom jungen Herzen (I/2, V. 310).

Auch in anderer Hinsicht ist Carlos eine typische Figur des Sturm und Drang. Den gefühlsbetonten Schwärmern ist gemeinsam, daß sie wegen ihres Anspruchs auf Selbstverwirklichung die Regelmäßigkeit bürgerlicher Arbeit scheuen. Sie ziehen sich in ihre Innerlichkeit zurück und schlüpfen in die Rolle des Verkannten, Unverstandenen und Ausgestoßenen. Um eine als lustvoll zu erfahrende Bestätigung ihrer Rolle zu erhalten, verlieben sie sich in eine für sie von vornherein uner-

reichbare Frau. Werther beispielsweise fühlt sich im gemeinen Broterwerb eingeengt. Als Bürgerlicher wird er zudem aus der Adelsgesellschaft verwiesen. Er zieht sich in eine träumerische Welt voller Gefühle zurück und beginnt in diesem Zustand die bereits versprochene Lotte zu lieben. Diese fragt mit Recht: „Warum denn mich, Werther? just mich, das Eigentum eines andern? just das? Ich fürchte, ich fürchte, es ist nur die Unmöglichkeit, mich zu besitzen, die Ihnen diesen Wunsch so reizend macht" (Brief vom 20. Dezember 1772).
Auch Carlos findet nach seiner Rückkehr aus Alcala am spanischen Hof kein Betätigungsfeld. Philipp schließt ihn von jeglicher Teilhabe an der Regierung aus. So versinkt Carlos „allmählich in einen Zustand müßiger Schwärmerei, untätiger Betrachtung" (Dritter Brief über *Don Carlos*). Wie Werther beginnt auch Carlos jemanden zu lieben, den er von vornherein nicht erreichen kann. Schiller beschreibt dieses Liebesleiden als „schmerzhaft wollüstig" (Dritter Brief über *Don Carlos*), d. h. die Lust am Leiden entsteht durch die Bestätigung der eingenommenen Rolle als Ausgestoßener. Parallel zum *Werther* erkennt auch im *Don Carlos* die geliebte Frau, nämlich Elisabeth, das eigentliche Motiv der Liebe: „Gestehen Sie es, Carlos – Trotz ist es/Und Bitterkeit und Stolz, was Ihre Wünsche/So wütend nach der Mutter zieht" (I/5, V. 780–782).

Die Klassik überwindet den Subjektivitätsanspruch des Sturm und Drang. Für den einzelnen steht nicht mehr die Selbstverwirklichung im Vordergrund. Vielmehr muß der Mensch sich mit seiner Subjektivität dem sittlich Notwendigen unterordnen. Idealbild eines Menschen ist nicht mehr das gefühlsbetonte Individuum, sondern die innere Harmonie des Charakters. Indem alle einseitigen Extreme verschwinden, sei es die Überbetonung des Gefühls oder des Verstandes, verschmilzt die Klassik die Forderung der Aufklärung nach Vernünftigkeit sowie die des Sturm und Drang nach Gefühl, nach Leben, in einem neuen Menschenbild.
In der griechischen Kultur sieht die Klassik ihr Menschheitsideal erfüllt. Das Bild der Antike vermittelt die Harmonie von Vernunft und Sinnlichkeit, Verstand und Gefühl, und zwar im Zeichen der Vollkommenheit, Humanität, vor allem aber der Schönheit. Das Bedürfnis, antiker Schönheit auf die Spur zu kommen und zu einem eigenen Kunstverständnis zu finden, hat in der Klassik zu einer intensiven Beschäftigung mit ästhetischen Fragen geführt. Wesentliche Merkmale der Epoche *Klassik* werden deshalb besonders am klassischen Begriff der Schönheit deutlich.

Während Goethe ästhetische Theorien zeitlebens ablehnte, unternahm Schiller in der Auseinandersetzung mit Kant eine begriffliche Bestimmung des Schönen. Seine Auffassung wollte Schiller in der Schrift *Kallias oder Über die Schönheit* darlegen. Zu einer Fertigstellung und Veröffentlichung dieser Schrift kam es jedoch nicht. Doch sind Schillers Grundgedanken im Briefwechsel mit Körner vom Januar bis Februar 1793 enthalten.
Bei seinen Ausführungen stützt sich Schiller auf ein für die Klassik spezifisches anthropologisches Modell. Jeder Mensch ist danach mit Trieben ausgestattet, die ihn, wenn er sie lediglich auslebte, nicht vom Tier unterschieden. Mit dem Geist (Verstand, Vernunft) besitzt der Mensch jedoch eine Instanz, die ihn vom Zwang der Triebe freimacht. In seinen Handlungen muß sich der Mensch folglich nicht von seiner Natur leiten lassen, sondern er kann nach von ihm aufgestellten Normen in Autonomie handeln. Vor allem diese Fähigkeit des Geistes, sich von den Zwän-

gen der Sinnlichkeit freizumachen, ist für Schiller Freiheit.

Freie Handlungen vollziehen sich nach Schiller immer gegen die Ansprüche der Sinnlichkeit. Sobald sich sinnliche Motive auf die Handlungsweise auswirken, ist der Mensch nicht mehr frei. Freie Handlungen charakterisieren nach Schiller einen Menschen mit Würde. Für einen charakterlich schönen Menschen sind sie jedoch nicht kennzeichnend. Denn ein schöner Mensch handelt harmonisch und als ganzer. Seine Handlungen sind von Geist und Sinnlichkeit gleichzeitig bestimmt. Schöne Handlungen vollziehen sich dort, wo ein Mensch sinnlich handelt, d.h. seinen Trieben und Neigungen gehorcht, zugleich aber auch mit seinem Handeln der Moralität genügt. Bei einem solchen Menschen ist nach Schiller die Pflicht zur Natur geworden.

Zum besseren Verständnis erläuterte Schiller seine Überlegungen zusätzlich an einem Beispiel: „Ein Mensch ist unter Räubern gefallen, die ihn nackend ausgezogen und bei strenger Kälte auf die Straße geworfen haben" (Schiller an Körner, 18. Februar 1793). Diesem Menschen begegnen nun fünf Reisende und helfen auf unterschiedliche Weise. Nur einer, nämlich der letzte, handelt dabei als ein im klassischen Sinne schöner Mensch:

Der erste Reisende ist von der Not des Verwundeten gerührt. Sein Mitgefühl ist aber so stark, daß er dessen Anblick nicht ertragen kann. Er gibt dem Verwundeten Geld, damit ihm andere Reisende helfen. Das Motiv zur Hilfe ist also die verweichlichte Natur des Reisenden. Ein Mensch, der sich bloß von seinen Gefühlen leiten läßt, wird aber nicht als charakterlich schöner Mensch gelten können.

Der zweite Reisende ist nur zur Hilfe bereit, wenn er für die versäumte Zeit mit Geld entschädigt wird. Einen Menschen, der in seinem Handeln lediglich auf Nutzen und Vorteil achtet, werden wir nicht als charakterlich schön empfinden.

Der dritte Reisende hört sich das Unglück des Verwundeten an und entschließt sich nach einigem Überlegen zur Hilfe. Er will dem Verwundeten Pferd und Mantel geben, obwohl er selbst geschwächt und krank ist. Der Reisende gehorcht so seiner Pflicht zur Nächstenliebe und unterdrückt seine eigenen natürlichen Bedürfnisse. Eine Handlung, die geistigen Ursprungs ist und gegen den Einfluß der Sinnlichkeit zustande kommt, ist für Schiller eine freie Handlung. Freie Handlungen sind aber allenfalls moralisch oder sittlich. Durch die Unterdrückung der Sinnlichkeit wirken sie jedoch erzwungen und insofern nicht schön. So ist ein Mensch, der das Richtige tut, aber dazu seine inneren Antriebe unterdrücken muß, für Schiller ebenfalls kein charakterlich schöner Mensch, sondern ein Mensch mit Würde, also mit erhabener Gesinnung.

Der vierte Reisende ist der Todfeind des Verwundeten und hat nun die Möglichkeit, ihn zu töten. Um ihm aber zu zeigen, welch außerordentlicher Mensch er ist, verzeiht er ihm und ist sogar zur Hilfe bereit. Ein Mensch, der so handelt, wirkt großmütig und überlegen, aber nicht charakterlich schön.

Der fünfte Reisende hilft aus eigenem Antrieb, gleichsam aus einem inneren Gefühl heraus, ohne irgendwie aufgefordert zu werden. Zudem stellt er zuvor keine langen Überlegungen an, obwohl die Hilfeleistung für ihn mit Nachteilen verbunden ist; er muß nämlich sein ganzes Gepäck zurücklassen. Diese Handlung ist einerseits eine geistige Handlung. Der Reisende gehorcht seiner – geistig erkennbaren – Pflicht der Nächstenliebe und muß dafür persönliche Einbußen in Kauf nehmen. Zugleich handelt er auch sinnlich, denn die Bereitschaft zur Hilfe ist ohne Überlegung, d. h. rein gefühlsmäßig entstanden. Eine schöne Handlung muß für Schiller also auf der einen Seite geistig moralisch sein. Auf der anderen Seite muß sie auch sinnlich erfolgen, d. h. die Erfüllung der Pflicht darf nicht durch Unterdrückung der Sinnlichkeit geschehen. Eine schöne Handlung ist demnach eine natürliche, gefühlsmäßige Handlung, die aber den Anforderungen der Sittlichkeit genügt. Oder wie Schiller es ausdrückt: „Also wäre eine moralische Handlung alsdann erst eine schöne Handlung, wenn sie aussieht wie eine, sich von selbst ergebende, Wirkung der Natur. (. . .) Aus diesem Grund ist das Maximum der Charaktervollkommenheit eines Menschen moralische Schönheit, denn sie tritt alsdann ein, wenn ihm die Pflicht zur Natur geworden ist“ (Schiller an Körner, 19. Februar 1793).

In der Schrift *Über Anmut und Würde* aus demselben Jahr bezeichnet Schiller eine schöne Handlung auch als anmutig. Anmut wird dementsprechend als Ausdruck einer schönen Seele definiert (vgl. M 16). Eine rein moralische Handlung wird dagegen als würdevoll bezeichnet. Würde besitzt in Schillers obigem Beispiel der dritte Reisende, der pflichtgemäß handelt und dabei seine Sinnlichkeit unterdrückt. Würde wirkt aber nicht schön, sondern ist Ausdruck einer erhabenen Gesinnung (vgl. M 16).

Im *Don Carlos* sind bereits Elemente der Klassik enthalten. Schon die Wahl des Schauplatzes deutet auf eine Abkehr von der Dichtung des Sturm und Drang hin: Der spanische Hof mit seiner Etikette und dem geregelten Leben ist kaum der passende Ort für verbale Ausbrüche von Kraftburschen und wilden Schwärmern. Auch ist der *Don Carlos* Schillers erstes Werk in Jamben, also einer gehobenen, gemäßigten Sprache. Damit ist eine Absage an die prosaische ungezügelte Sprache des Sturm und Drang verbunden.

Am deutlichsten wird der Einfluß klassischen Gedankenguts in der Konzeption Elisabeths. Elisabeth wird in Ansätzen bereits nach den Prinzipien der klassischen Ästhetik, die Schiller erst anfang der 90er Jahre ausarbeitete, gezeichnet. Posa nennt sie beispielsweise eine „schöne Seele“ (IV/21, V. 4307), schildert sie als schönen, liebenswürdigen Menschen, der engelgleich von allen als glänzende Erscheinung angebetet wird (vgl. I/4, V. 543–613). An anderer Stelle (II/15, V. 2328–2362) beschreibt er sie – vergleichend mit der Prinzessin von Eboli – im Sinne Schillers späterer begrifflichen Bestimmung des Schönen: Elisabeth handelt „In angeborner stiller Glorie,/Mit sorgenlosem Leichtsinn, mit des Anstands/ Schulmäßiger Berechnung unbekannt“. Ihr moralisches Verhalten erfolgt also nicht überlegt, sondern aus innerem, natürlichen Antrieb. Sie wandelt „Die schmale Mittelbahn des Schicklichen“: Weder das geistige noch das sinnliche Extrem überwiegt, Elisabeth wirkt also als harmonischer Mensch. Ihre „stolze schöne Grazie“ ist eine Umschreibung für ihre Anmut.

Ganz anders wird an gleicher Stelle die Prinzessin von Eboli geschildert: „Ich fürchte sehr, ich kenne sie – wie wenig/ Reicht sie empor zu jenem Ideale,/Das aus der Seele mütterlichem Boden,/In stolzer, schöner Grazie empfangen,/ Freiwillig sproßt und ohne Gärtners Hilfe/ Verschwenderische Blüten treibt“. Auch die Prinzessin von Eboli gehorcht sittlichen Grundsätzen. Doch entspricht dieses Verhalten nicht ihrer Natur. Die Tugend der Eboli wird als „Erworbene Unschuld, dem erhitzten Blut/Durch List und schwere Kämpfe abgerungen“ geschildert. Das sittliche Verhalten der Eboli entsteht durch Unterdrückung der Sinnlichkeit und ist somit nicht Ausdruck von Anmut, sondern von Würde.

Elisabeth entspricht also offensichtlich dem klassischen Humanitäts- und Schönheitsideal und kann durchaus mit der Iphigenie in Goethes gleichnamigen Drama aus dem Jahre 1787 verglichen werden. Doch anders als Iphigenie, die ihre Anmut, Schönheit und reine Menschlichkeit über das ganze Stück hin bewahrt, wird Elisabeth von Schiller nicht widerspruchsfrei gezeichnet.
In einer Äußerung Posa gegenüber gibt sie zu erkennen, daß sie nicht nur pflichtgemäße Bedürfnisse hat (vgl. IV/21, V. 4342–4350). Vielmehr empfindet und liebt sie leidenschaftlich. Schiller läßt allerdings offen, wem Elisabeths Liebe gilt. In der Schlußszene scheint es Carlos zu sein (vgl. V/11, V. 5302–5309), aber als Posa ihr von seinem nahenden Tod berichtet, verhüllt sie ihr Gesicht und sagt zu ihm: „Gehen Sie!/Ich schätze keinen Mann mehr" (IV/21, V. 4394–4395).
Auch bewahrt Elisabeth nicht ihr reines menschliches Wesen. Sie hintergeht Philipp, indem sie sich heimlich mit Carlos trifft und Posas politische Pläne unterstützt. Ihr Auftritt vor Philipp (IV/9), als sie ihre Unschuld verteidigt, wirkt somit etwas unglaubwürdig.
So zeigt auch die widersprüchliche Gestaltung der Elisabeth, daß Schiller mit dem *Don Carlos* noch ein beträchtliches Stück von klassischer Dichtung entfernt ist. Prinzipien sind aber im Ansatz vorhanden, und insofern ist der *Don Carlos* kein reines Werk des Sturm und Drang mehr.

Methodisch-didaktische Überlegungen

In diesen beiden Stunden wird an den Hauptgestalten Elisabeth und Carlos gezeigt, daß im *Don Carlos* sowohl Elemente des Sturm und Drang als auch der Klassik enthalten sind. Demnach läßt sich das Stück nicht einer bestimmten Epoche zuordnen, sondern ist als Werk der Übergangszeit zu charakterisieren.
In einem ersten Schritt erhalten die Schüler durch M 14 (Die Literatur des Sturm und Drang) Informationen über den Sturm und Drang und sammeln im Unterrichtsgespräch wichtige Merkmale dieser literarischen Bewegung (Phase 1). Anhand verschiedener Textstellen im *Don Carlos* kann jetzt nachgewiesen werden, daß Carlos diesen Merkmalen in großem Maße entspricht (Phase 2).
Kenntnisse über das klassische Menschenbild und die Klassik im allgemeinen lassen sich am deutlichsten durch die klassische Ästhetik vermitteln. Auf der Grundlage von M 15 (Schönheit des Charakters – Ein Beispiel nach Schiller) soll zuerst an einem Beispiel anschaulich werden, was Schiller unter charakterlicher Schönheit versteht (Phase 3). Erst dann können mittels M 16 (Schönheit, Anmut und Würde) die Grundbegriffe der klassischen Ästhetik theoretisch bestimmt und allgemeine Merkmale der Klassik festgestellt werden (Phase 4).
Durch die Besprechung einzelner Textstellen wird nun der Nachweis erbracht, daß Elisabeth fast bis in den Wortlaut hinein nach den Prinzipien der klassischen Ästhetik gezeichnet wurde (Phase 5). Die Lektüre von IV/9 und ein (eventueller) Vergleich mit Goethes Iphigenie zeigen aber auch, daß Elisabeth ihre Anmut und reine Menschlichkeit nicht das ganze Stück durch bewahrt (Phase 6).
In ihrer Hausaufgabe erklären die Schüler unter Bezug auf die vorausgehenden Stunden, warum der *Don Carlos* weder dem Sturm und Drang noch der Klassik zugeordnet werden kann und somit ein Werk der Übergangszeit ist.

M 14

Die Literatur des Sturm und Drang

Der Sturm und Drang ist eine literarische Bewegung zwischen 1760 und 1785. Benannt ist sie nach dem gleichnamigen Drama von Klinger. Andere wichtige Vertreter sind Lenz, Leisewitz, Heinse, Schubart, Hölty, Voß sowie der junge Goethe und der junge Schiller.

Der Sturm und Drang stellt den einzelnen und seine Möglichkeiten zur Selbstverwirklichung in den Vordergrund. Individuelle Erlebnisweise ist aber nicht über den Verstand, sondern nur über das Gefühl zu erreichen. Also glauben die Vertreter des Sturm und Drang sich in einer gefühlsbetonten Lebensweise am besten verwirklichen zu können. Diese Hochschätzung des Gefühls findet ihren Ausdruck in der Bereitschaft zum Weinen und in der Betonung des Herzens: Das Individuum schämt sich seiner Tränen nicht und spricht im Zusammenhang mit Gefühlsregungen von Äußerungen des Herzens, beispielsweise vom traurigen Herz, um so Traurigkeit auszudrücken.
Mit dem Anspruch auf gefühlsbetonte Selbstverwirklichung stößt das Individuum aber auf gesellschaftliche Schranken: Die Arbeitsmoral und die herrschende Adelsschicht erlauben ihm nicht das Ausleben seiner Gefühle. Das Individuum akzeptiert aber nur persönliche, subjektive Ansprüche, anerkennt keine gesellschaftlichen Konventionen und will sich in keine Ordnung fügen. Die Dichtung des Sturm und Drang wird so zum Protest gegen eine einengende Gesellschaft. Der einzelne rebelliert in der Pose des Kraftburschen, also in dem Gefühl der Kraft und Stärke, und will die ganze Welt verändern wie etwa Karl Moor in Schillers Drama „Die Räuber". Daneben gibt es aber auch den stillen Protest wie etwa in Goethes Roman „Die Leiden des jungen Werthers." Das Individuum kommt mit den Anforderungen der Gesellschaft nicht zurecht und zieht sich in eine schwermütige Innerlichkeit zurück. Es träumt davon, sich mit seinem Gefühl in der ganzen Welt auszubreiten, und lebt oft nur noch für die Liebe zu einer unerreichbaren Frau.

Arbeitshinweis:
– Kennzeichnen Sie die wichtigsten Merkmale des Sturm und Drang!

Unterrichtsverlauf

Phase 1:
Merkmale des Sturm und Drang

Da Kenntnisse über den Sturm und Drang nicht vorauszusetzen sind, werden eingangs Grundinformationen über diese Epoche vermittelt, soweit sie im Zusammenhang dieser Stunde wichtig erscheinen. Zu diesem Zweck wurde M 14 verfaßt. Die Schüler lesen dieses Arbeitsblatt still und kennzeichnen die wichtigsten Merkmale des Sturm und Drang durch Anstreichen.
Im anschließenden Unterrichtsgespräch werden die Ergebnisse verglichen und zur besseren Verfügbarkeit im weiteren Stundenverlauf in Kurzform an der Tafel festgehalten (vgl. Stundenblatt). Folgende Punkte erscheinen bedeutsam:
- Im Sturm und Drang steht das gefühlsbetonte Individuum im Vordergrund. Die Hochschätzung des Gefühls drückt sich in der Bereitschaft zum Weinen und in der Betonung des Herzens aus.
- Dem einzelnen geht es vor allem um die Verwirklichung persönlicher Ansprüche. Er will sich in keine Ordnung fügen und protestiert gegen gesellschaftliche Konventionen.
- Das Individuum stellt sich gegen die Gesellschaft und ihre Pflichten, sei es in der Pose des Kraftburschen oder als träumerischer Schwärmer.

Phase 2:
Carlos als Gestalt des Sturm und Drang

Nun ist zu zeigen, daß Carlos eine typische Figur des Sturm und Drang ist. Die Schüler werden aufgefordert, eine Gestalt des Stücks zu nennen, welche den an der Tafel notierten Merkmalen entspricht. Zugleich sollten sie ihre Wahl begründen und ggf. durch den Text belegen.
Als echte Sturm-und-Drang-Gestalt kommt nur Carlos in Frage (Posa etwa fehlt das entscheidende Merkmal der individuellen Orientierung). Er ist die einzige Figur mit dem unbedingten Anspruch, ein subjektives, individuelles Gefühl, nämlich die Liebe zu Elisabeth, erfüllt sehen zu wollen. Deutlich wird dies vor allem in den Szenen I/2 und I/5. Auch dürfte sein schwermütiger und gefühlsbetonter Zustand zu Beginn des Stücks noch in Erinnerung sein.
Auffallend ist bei Carlos auch die Bejahung von Tränen und die Betonung des Herzens. Zur Veranschaulichung sollte der Anfang von II/2 (bis V. 1092), und zwar nur der Redepart von Carlos, gemeinsam gelesen werden: Hier wird die Bejahung der Tränen und die auffallend häufige Sprechweise vom Herzen augenfällig. Immer wieder erwähnt Carlos sein Herz oder das Vaterherz. Zugleich weint er in Gegenwart Philipps und sieht in Tränen „die ewige/Beglaubigung der Menschheit“.

Phase 3:
Merkmale der Klassik (1) – Die Handlungsweise eines schönen Menschen

Bevor klassischen Elementen im *Don Carlos* nachgegangen werden kann, erscheint eine kurze Einführung in die Klassik sinnvoll. Die wichtigsten Merkmale dieser Epoche werden besonders am Beispiel der klassischen Ästhetik deutlich, insbesondere an Schillers Theorie der charakterlichen Schönheit.
Wegen der hohen Schwierigkeit kann nicht unvermittelt ein theoretischer Text zur Begriffsbestimmung des Schönen vorgelegt werden. Zuerst soll deshalb mit Hilfe von M 15 an einem konkreten Beispiel klar werden, was Schiller unter Schönheit, Anmut und Würde versteht. M 15 enthält ein von Schiller selbst verwen-

M 15

Schönheit des Charakters (Ein Beispiel nach F. Schiller)

Ausgangssituation:

Ein Mensch wurde von Räubern überfallen und liegt nackt und verwundet am Straßenrand. Drei Reisende kommen vorbei und helfen ihm jeweils. Nur einer von ihnen, nämlich der letzte, handelt als ein charakterlich schöner Mensch.

Der erste Reisende:

Der erste Reisende hört sich das Unglück des Verwundeten an und ist von dessen Not gerührt. Von Natur aus verweichlicht, kann er jedoch dessen Anblick nicht ertragen. Rührselig erklärt er, selbst nicht helfen zu können. Doch sei er bereit, ihm Geld zu geben, damit er andere Reisende für eine Hilfeleistung bezahlen kann.

Der zweite Reisende:

Auch der zweite Reisende hört sich das Unglück des Verwundeten an. Dann wägt er ab: Soll er ihm Pferd und Mantel geben? Er bedarf deren eigentlich selbst, weil er krank und schwächlich ist und zu sterben droht. Andererseits will er aber der Pflicht der Nächstenliebe gehorchen. Nach reiflicher Überlegung entschließt er sich dann zur Hilfe.

Der dritte Reisende:

Der dritte Reisende erblickt den Verwundeten und hilft spontan, obwohl die Hilfe mit großen Nachteilen für ihn verbunden ist. Weil er den Verletzten auf seinem Rücken zum nächsten Dorf trägt, muß er nämlich sein ganzes Gepäck, also alles, was er besitzt, zurücklassen.

Arbeitshinweise:
- *Warum ist für Schiller allein die Handlungsweise des dritten Reisenden die eines schönen Menschen?*
  (Vergleichen Sie:
  - *Handeln die Reisenden jeweils moralisch richtig oder unbefriedigend?*
  - *Werden sie jeweils von ihrem Gefühl oder von geistiger Einsicht gelenkt?)*
- *Wie muß also ein im Sinne der Klassik schöner Mensch handeln?*

M 16

Schönheit, Anmut und Würde

Es erweckt mir kein gutes Vorurteil für einen Menschen, wenn er der Stimme des Triebes so wenig trauen darf, daß er gezwungen ist, ihn jedesmal erst vor dem Grundsatze der Moral abzuhören; vielmehr achtet man ihn hoch, wenn er sich demselben ohne Gefahr, durch ihn mißgeleitet zu werden, mit einer gewissen Sicherheit vertraut. Denn das beweist, daß beide Prinzipien in ihm sich schon in derjenigen Übereinstimmung befinden, welche das Siegel der vollendeten Menschheit und dasjenige ist, was man unter einer *schönen Seele* verstehet.
Eine schöne Seele nennt man es, wenn sich das sittliche Gefühl aller Empfindungen des Menschen endlich bis zu dem Grad versichert hat, daß es dem Affekt die Leitung des Willens ohne Scheu überlassen darf und nie Gefahr läuft, mit den Entscheidungen desselben im Widerspruch zu stehen. Daher sind bei einer schönen Seele die einzelnen Handlungen eigentlich nicht sittlich, sondern der ganze Charakter ist es. Man kann ihr auch keine einzige darunter zum Verdienst anrechnen, weil eine Befriedigung des Triebes nie verdienstlich heißen kann. Die schöne Seele hat kein andres Verdienst, als daß sie ist. Mit einer Leichtigkeit , als wenn bloß der Instinkt aus ihr handelte, übt sie der Menschheit peinlichste Pflicht aus, und das heldenmütigste Opfer, das sie dem Naturtriebe abgewinnt, fällt wie eine freiwillige Wirkung eben dieses Triebes in die Augen. Daher weiß sie selbst auch niemals um die Schönheit ihres Handelns, und es fällt ihr nicht mehr ein, daß man anders handeln und empfinden könnte; [. . .]
In einer schönen Seele ist es also, wo Sinnlichkeit und Vernunft, Pflicht und Neigung harmonieren, und Grazie ist ihr Ausdruck in der Erscheinung. [. . .]
So wie die Anmut der Ausdruck einer schönen Seele ist, so ist Würde der Ausdruck einer erhabenen Gesinnung. [. .]
Die Gesetzgebung der Natur durch den Trieb kann mit der Gesetzgebung der Vernunft aus Prinzipien in Streit geraten, wenn der Trieb zu seiner Befriedigung eine Handlung fordert, die dem moralischen Grundsatz zuwiderläuft. In diesem Fall ist es unwandelbare Pflicht für den Willen, die Forderung der Natur dem Ausspruch der Vernunft nachzusetzen, da Naturgesetze nur bedingungsweise, Vernunftgesetze aber schlechterdings und unbedingt verbinden. [. . .]
Dadurch allein, daß er die Gewalt der Begierde bricht, die mit Vorschnelligkeit ihrer Befriedigung zueilt und die Instanz des Willens lieber ganz vorbeigehen möchte, zeigt der Mensch seine Selbständigkeit und beweist sich als ein moralisches Wesen, welches nie bloß begehren oder bloß verabscheuen, sondern seine Verabscheuung und Begierde jederzeit *wollen* muß. [. . .]
Beherrschung der Triebe durch die moralische Kraft ist *Geistesfreiheit,* und *Würde* heißt ihr Ausdruck in der Erscheinung.
(F. Schiller, *Über Anmut und Würde*)

Arbeitshinweise:
- *Was versteht Schiller unter einer „schönen Seele“?*
- *In welchem Zusammenhang stehen Schönheit und Anmut?*
- *Wie unterscheidet Schiller Anmut und Würde?*
- *Unterscheiden Sie die Handlungen der drei Reisenden mit Hilfe von Schillers Begriffsbestimmungen!*

detes Beispiel einer schönen Handlung (vgl. Sachanalyse). Zur besseren Verständlichkeit wurde es eigens für die Unterrichtsstunde neu formuliert und gekürzt.
Die Schüler lesen M 15 und beantworten in Partnerarbeit die beigefügten Arbeitshinweise. Im einzelnen ergibt sich:
- Der erste Reisende gehorcht nur seinen Gefühlen. Sein Handeln ist außerdem moralisch nicht befriedigend, höchstens gutherzig.
  Der zweite Reisende handelt gegen die eigenen Gefühle und Bedürfnisse, aber moralisch lobenswert. Seine langen Überlegungen zeigen den gedanklichen Ursprung seiner Hilfeleistung. Für ihn steht die moralische Pflichterfüllung, nicht aber das persönliche Wohlbefinden im Vordergrund.
  Allein der dritte Reisende handelt aus innerem Antrieb, also spontan und gefühlsmäßig im Sinne moralischer Pflichterfüllung. Im Gegensatz zum ersten Reisenden überwindet er die eigenen Bedürfnisse zugunsten des moralisch Gebotenen. Im Gegensatz zum zweiten Reisenden stellt er aber keine langen Überlegungen an, ob er helfen soll. Seine Hilfeleistung scheint demnach nicht gedanklichen Ursprungs zu sein, also nicht in reiner, d.h. geistbetonter Pflichterfüllung zu bestehen.
- Die Handlungsweise eines im Sinne Schillers charakterlich schönen Menschen zeichnet sich also durch zweierlei aus: Sie muß richtig sein im Sinne moralischer Pflichterfüllung, und sie muß spontan und gefühlsmäßig aus innerem Antrieb zustande kommen.

Phase 4:
Merkmale der Klassik (2) – Schönheit, Anmut und Würde

Nachdem anschaulich wurde, was Schiller unter einer schönen Handlung versteht, wird nun der klassische Schönheitsbegriff theoretisch bestimmt. Es soll klar werden, wie Schiller Schönheit, Anmut und Würde jeweils definiert und voneinander unterscheidet. Erst dann kann bestimmt werden, ob eine Figur im *Don Carlos* klassischen Maßstäben genügt.
M 16 enthält den entsprechenden Auszug aus Schillers *Über Anmut und Würde*. Die Schüler lesen M 16 und überlegen sich Antworten auf die beigefügten Arbeitshinweise. Anschließend ist im Unterrichtsgespräch anzusprechen:
- Als „schöne Seele“ gilt ein Mensch, bei dem Gefühl und moralische Gesetze, Pflicht und Neigung harmonieren. Bei jeder Handlung kann ein schöner Mensch seinem Gefühl vertrauen, ohne lange überlegen zu müssen, ob sein Empfinden der Moral und Sittlichkeit entspricht.
- Anmut ist der Ausdruck einer schönen Seele, d.h. ein schöner Mensch wirkt in seinem Handeln anmutig.
- Würde ist der Ausdruck einer erhabenen Gesinnung. Eine würdevolle Handlung ist geistbetont und unterdrückt ei-

gene Bedürfnisse, die moralischer Pflicht zuwiderlaufen.
- Die Handlung des ersten Reisenden ist triebgeleitet (gefühlsmäßig, naturbedingt), noch dazu moralisch ungenügend. Dagegen handelt der zweite Reisende würdevoll, der dritte anmutig.

Ausgehend vom klassischen Menschenbild dürfte es den Schülern nun nicht mehr schwerfallen, wesentliche Unterschiede von Klassik und Sturm und Drang zu erkennen. Grundlage für diesen Vergleich ist der von den Schülern notierte Tafelanschrieb zum Sturm und Drang (siehe Phase 1). Ein Schüler liest jeweils ein Merkmal des Sturm und Drang vor, die anderen beschreiben, wie sich die klassische Auffassung davon unterscheidet. Auf diese Weise könnte der Tafelanschrieb um die Spalte *Klassik* erweitert werden (siehe Stundenblatt):
- In der Klassik steht nicht mehr das egozentrisch gefühlsbetonte Individuum, sondern der harmonische, ausgeglichene Mensch im Vordergrund.
- Statt der Verwirklichung persönlicher Ansprüche hat sich der einzelne der Pflicht und dem moralischen Gesetz zu unterwerfen.
- Die Protesthaltung des Sturm und Drang verschwindet. Indem Pflichterfüllung gefordert wird, akzeptiert der einzelne auch eine Ordnung, die er mit seinem Subjektivitätsanspruch nicht umstoßen darf.

Phase 5:
Elisabeth als klassische Gestalt

Den Schülern ist nun zu zeigen, daß Elisabeth nach den Prinzipien der klassischen Ästhetik gezeichnet wurde. Sie werden aufgefordert, eine Gestalt aus dem *Don Carlos* zu nennen, die dem klassischen Ideal eines anmutigen Menschen entspricht. Zugleich sollten sie ihre Wahl begründen.
Erfahrungsgemäß haben sie keine Schwierigkeiten, auf Elisabeth zu kommen (Posa äußert nie individuelle Bedürfnisse und handelt moralisch nicht einwandfrei; Philipp ist als Despot von vornherein disqualifiziert). Auch dürfte ihnen die natürliche, harmonische Darstellung Elisabeths sowie ihre humane Ablehnung der Ketzerverbrennung gleich bei ihrem ersten Auftreten in Erinnerung sein (I/3, V. 386–433). Nennen könnten sie auch Posas Schilderung der für Elisabeth stehenden Mathilde, die schön, liebenswürdig ist und von allen angebetet wird (I/4, V. 543–613).
Wichtig ist die folgende Textstelle, die gegebenenfalls vorgegeben werden muß. Fast bis in den Wortlaut hinein wird Elisabeth in Gegenüberstellung mit der Eboli im Sinne der klassischen Ästhetik beschrieben:

POSA Diese Tugend,
Ich fürchte sehr, ich kenne sie – wie wenig
Reicht sie empor zu jenem Ideale,
Das aus der Seele mütterlichem Boden,
In stolzer, schöner Grazie empfangen,
Freiwillig sproßt und ohne Gärtners Hilfe
Verschwenderische Blüten treibt! Es ist
Ein fremder Zweig, mit nachgeahmtem Süd
In einem rauhern Himmelsstrich getrieben;
Erziehung, Grundsatz, nenn es wie du willst,
Erworbne Unschuld, dem erhitzten Blut
Durch List und schwere Kämpfe abgerungen,
Dem Himmel, der sie fordert und bezahlt,
Gewissenhaft, sorgfältig angeschrieben.
(...)
Mir kam vor,
Daß sie geschickt des Lasters Blößen mied,
Daß sie sehr gut um ihre Tugend *wußte.*
Dann sah ich auch die Königin – O Karl,
Wie anders alles, was ich hier bemerkte!
In angeborner stiller Glorie,
Mit sorgenlosem Leichtsinn, mit des Anstands
Schulmäßiger Berechnung unbekannt,
Gleich ferne von Verwegenheit und Furcht,
Mit festem Heldenschritte wandelt sie
Die schmale Mittelbahn des *Schicklichen,*

Unwissend, daß sie Anbetung erzwungen,
Wo sie von eignem Beifall nie geträumt.
(II/15, V. 2329–2362)

Die Textstelle wird gemeinsam unter der Leitfrage *Was unterscheidet den Charakter von Elisabeth und Eboli?* gelesen. Im Anschluß sollte den Schülern etwas Zeit gegeben werden, um sich ein paar Notizen zu machen. Anzusprechen ist dann:
Elisabeths Glorie und Grazie sind Umschreibungen ihrer Anmut. Sittliches Verhalten erfolgt bei ihr rein gefühlsmäßig („mit des Anstands/Schulmäßiger Berechnung unbekannt"). Zudem wirkt sie harmonisch und ausgeglichen („die schmale Mittelbahn des Schicklichen"). Die Prinzessin von Eboli hingegen ist ein sinnliches Wesen („erhitztes Blut", „nachgeahmtes Süd"). Sittliche Grundsätze kann sie nur durch Unterdrückung ihrer Sinnlichkeit befolgen („erworbene Unschuld", „bewußte Tugend"). Die Prinzessin von Eboli (vor der Intrige!) ist also nicht anmutig, sondern allenfalls würdevoll.

Phase 6:
Die widersprüchliche Konzeption der Elisabeth

Der Übergangscharakter des *Don Carlos* zeigt sich auch darin, daß Schiller die klassische Gestaltung der Elisabeth nicht konsequent durchhält. Zur Entstehungszeit des Werks waren die neuen poetischen Grundsätze noch nicht klar genug entwickelt.
Die widersprüchliche Konzeption der Elisabeth wird anschaulich, wenn die Szene IV/9 mit verteilten Rollen gemeinsam gelesen wird. Dabei wird darauf geachtet, wie Elisabeth auftritt und ob ihre Haltung auf den Zuschauer glaubwürdig wirkt. Indem die Schüler den Inhalt der Szene wiedergeben, erkennen sie: Elisabeth tritt in einer Unschuldspose auf. Sie beklagt sich über den Diebstahl von Carlos' Briefen. Für Philipp, der sich als Urheber zu erkennen gibt, hat sie nur Worte der Ironie und des Bedauerns übrig. Auch für das Verschweigen ihrer geheimen Unterredung mit Carlos hat sie eine anscheinend plausible Erklärung: Sie sei nicht bereit gewesen, vor der versammelten Grandezza eine Rechtfertigung über ihr Verhalten abzulegen. Als Philipp sie offen der Buhlerei bezichtigt, bricht sie ohnmächtig zusammen.
Wirkt Elisabeth auf den Zuschauer in ihrer Haltung überzeugend und ehrlich? Hier kann zur Hilfestellung ganz konkret gefragt werden, ob Philipps Eifersucht wirklich unbegründet ist und ob Elisabeth wirklich nichts verschweigt.
Tatsächlich ist Philipps Eifersucht begründet: Elisabeth hat nicht nur pflichtgemäße Bedürfnisse. Sie liebt leidenschaftlich und hat diese Gefühle bisher nur unterdrückt. Wen sie liebt, läßt Schiller offen: Es könnte Carlos sein (V/11, V. 5297–5310 und IV/21, V. 4342–4350), aber auch Posa (IV/21, V. 4388–4397). Ferner verschweigt Elisabeth weiterhin Wichtiges und hintergeht somit Philipp: Zum Zeitpunkt ihres Auftretens vor Philipp ist es für sie längst beschlossene Sache, die politischen Pläne Posas zu unterstützen, was sie am Ende des Stücks auch tatsächlich tut. Elisabeth ist also nicht nur der humane und aufrichtige Mensch, den das klassische Menschenbild erfordert.
Zur Verdeutlichung kann Elisabeth eventuell mit der Verkörperung einer klassischen Frauengestalt, nämlich Iphigenie, verglichen werden. Dazu müssen die Schüler aber erst mit dem Inhalt von Goethes Drama bekannt gemacht werden. M 17 enthält eine stark gekürzte, aber für unsere Zwecke ausreichende Inhaltsangabe. Ausgehend von Iphigenies Verhalten kann man sich überlegen, wie diese in Elisabeths Situation am Ende des Stücks

M 17

Goethes *Iphigenie auf Tauris*
(stark gekürzt)

Die Griechin Iphigenie wird von der Göttin Artemis nach Tauris entführt. Der dortige König Thoas, der für die Griechen als Barbar gilt, behandelt sie wie ein Vater. Trotzdem will Iphigenie heim nach Griechenland.
Eines Tages kommt Iphigenies Bruder Orest nach Tauris. Um sich von einem Fluch zu entlasten, raubt er das Götterstandbild der Artemis und will mit Iphigenie heimlich fliehen. Doch Iphigenie gesteht Thoas den Raub und den heimlichen Fluchtplan – und bewegt ihn dazu, beide in Frieden ziehen zu lassen.

Arbeitshinweis:
- *Wie würde Iphigenie in Elisabeths Situation am Ende des „Don Carlos" wohl handeln?*

gehandelt hätte: Iphigenie würde Philipp Posas geheime Pläne gestehen, in der Hoffnung, den König (wie Thoas) durch ihre Aufrichtigkeit zur Menschlichkeit zu bewegen. Nur so könnte Iphigenie ihre reine Menschlichkeit bewahren und sich nicht in Lügen verstricken.

Hausaufgabe

Daß der *Don Carlos* ein Werk der Übergangszeit ist und weder dem Sturm und Drang noch der Klassik eindeutig zugeordnet werden kann, sollten die Schüler jetzt selbständig erklären können. Unter Bezug auf die in den vorausgehenden Stunden im Unterricht thematisierten Aspekte wird deshalb folgende schriftliche Hausaufgabe gestellt: „In welche literaturgeschichtliche Epoche ist der *Don Carlos* einzuordnen? – Gehen Sie in Ihrer Begründung auf die Gestaltung von Carlos und Elisabeth ein!"

Stundenziele

Die Schüler sollen
- wichtige Merkmale des Sturm und Drang kennenlernen,
- nachweisen, daß Carlos als typische Figur des Sturm und Drang konzipiert ist,
- anhand theoretischer Schriften zentrale Begriffe von Schillers ästhetischer Theorie definieren,
- erklären, inwieweit Elisabeth den Prinzipien der klassischen Ästhetik entspricht,
- begründen, warum der *Don Carlos* als ein Werk der Übergangszeit eingestuft werden muß.

18. Stunde: Die Frage nach der thematischen Einheit des Stücks

Sachanalyse

Der *Don Carlos* ist über einen Zeitraum von vier Jahren entstanden. Erste Entwürfe datieren vom Frühjahr 1783, die Buchfassung erschien im Juni 1787. Während dieser vergleichsweise langen Entstehungszeit machte die Gesamtkonzeption entscheidende Wandlungen durch. Durch die sukzessive Vorabveröffentlichung der ersten drei Akte in der *Rheinischen Thalia* war Schiller jedoch gezwungen, ursprünglich geplante sowie bereits gedruckte oder in Briefen angekündigte Konzeptionen auch in die endgültige Fassung des Stücks zu übernehmen. Diese Eingliederung gelang jedoch nicht bruchlos. So stehen in der Endfassung eine Reihe thematischer Motive ohne feste Bindung nebeneinander. Wie in keinem anderen Werk Schillers stellt sich aus diesem Grund die Frage nach der thematischen Einheit des Stücks.

Im ersten Entwurf zum Stück, im sogenannten *Bauerbacher Plan* von April/Mai 1783, stand die Familienproblematik im Vordergrund. Vor allem interessierte Schiller zu dieser Zeit „die schrekliche Situazion eines Vaters, der mit seinem Sohn so unglücklich eifert, die schreklichere Situazion eines Sohnes, der bei allen Ansprüchen auf das gröste Königreich der Welt ohne Hoffnung liebt, und endlich aufgeopfert wird“ (Schiller an Dahlberg, 7. Juni 1784).
Schillers Interesse an einem „Familiengemälde in einem fürstlichen Hauße“ kam noch unter dem Einfluß von *Kabale und Liebe* zustande. Doch bald will er seine Phantasie nicht mehr „in die Schranken des bürgerlichen Kothurns einzäunen“ (Schiller an Dalberg, 24. Juni 1784) lassen, sondern sich der „hohen Tragödie“ (a.a.O.) widmen, d. h. einem Stück, das in Adelskreisen und im Feld der Weltpolitik spielt und im aristotelischen Sinne den Zuschauer erschüttern muß. Die Darstellung von Familienverhältnissen erinnert allzusehr an das bürgerliche Trauerspiel. Vor allem aber war die Familienproblematik im *Don Carlos* für die Zwecke einer hohen Tragödie denkbar ungeeignet, wie Schiller in der Vorrede zum Abdruck des 1. Aktes in der *Rheinischen Thalia* betont: „Die Geschichte des unglücklichen Dom Karlos und seiner Stiefmutter, der Königin, ist von den interessantesten, die ich kenne, aber ich zweifle sehr, ob sie so rührend als erschütternd ist. (...) Eine Leidenschaft, wie die Liebe des Prinzen, deren leiseste Äußerung Verbrechen ist, die mit einem unwiderruflichen Religionsgesetz streitet (...), kann mich schaudern, aber schwerlich weinen machen.“
Schon bald rückte deshalb das Familiengemälde in den Hintergrund. Seinen Platz nahm die menschliche Problematik Philipps ein, der in seiner königlichen Einsamkeit Mensch sein will. Als Schiller den 1. Akt in der *Rheinischen Thalia* abdrukken ließ, hob er hervor, daß Philipp die einzige Gestalt im Stück sei, deren Schicksal erschüttern und beim Zuschauer Mitleid erregen könne, also den Ansprüchen einer Tragödie genüge: „Wenn dieses Trauerspiel schmelzen soll, so muß es – wie micht deucht – durch die Situation und den Charakter König Philipps geschehen. Auf der Wendung, die man diesem gibt, ruht vielleicht das ganze Gewicht der Tragödie.“
In der Zeit darauf begann Schiller sich intensiv mit Geschichtsstudien zu beschäftigen. So kam er mit einer neuen Thematik in Berührung, nämlich dem Problem menschlicher Freiheit: „Die Welt, als historischer Gegenstand, ist im Grunde

nicht anderes als der Konflikt der Naturkräfte untereinander selbst und mit der Freiheit des Menschen, und den Erfolg dieses Kampfes berichtet uns die Geschichte“ (*Über das Erhabene*). Schillers Interesse verlagerte sich jetzt in der Hauptsache auf die politische Dimension des Stoffes, also die Kritik am despotischen Spanien sowie den Entwurf eines möglichen Gegenbildes, einer freiheitlichen, humanen Gesellschaftsordnung.

Diese politische Thematik konnte er aber nicht mit den „beiden Hauptcharaktere(n)“ (Vorrede zum Abdruck des 1. Aktes in der *Rheinischen Thalia*), nämlich Philipp und Carlos, in Verbindung bringen. Durch die Vorabveröffentlichung des 1. Aktes war Carlos allzusehr in die Rolle des schwermütigen Jünglings gedrängt. Schiller mußte also Posa als eine dritte Hauptfigur so gestalten, daß er mit rhetorischer Beredsamkeit die neuen politischen Ideen überzeugend verkörperte. Im ersten Brief über *Don Carlos* spricht Schiller diese konzeptionelle Änderung an: „Neue Ideen, die indes bei mir aufkamen, verdrängten die frühern; Carlos selbst war in meiner Gunst gefallen, vielleicht aus keinem andern Grund, als weil ich ihm in Jahren zu weit vorausgesprungen war, und aus der entgegengesetzten Ursache hatte Marquis Posa seinen Platz eingenommen.“

Durch diese Wandlungen in der Gesamtkonzeption standen in der Endfassung mit dem Familiendrama, Philipps persönlicher Problematik und der politischen Thematik verschiedene Motive ohne festere Bindung nebeneinander. Da auch die zeitgenössische Kritik die fehlende thematische Einheit bemängelte und dem Stück eine nicht ausreichend durchdachte Konzeption vorwarf, sah Schiller sich genötigt, im Jahre 1788 mit den Briefen über *Don Carlos* öffentlich Stellung zu nehmen.

Wie Schiller dort ausführt, besteht die thematische Einheit des Stücks im Politischen, nämlich in den gemeinsamen Idealen von Posa und Carlos: „Unter den beiden Freunden bildete sich also ein *enthusiastischer Entwurf, den glücklichsten Zustand hervorzubringen, der der menschlichen Gesellschaft erreichbar ist, und von diesem enthusiastischen Entwurfe, wie er nämlich in Konflikt mit der Leidenschaft erscheint,* handelt das gegenwärtige Drama“ (Achter Brief über *Don Carlos*). Indem das Stück vom Konflikt von Leidenschaft mit dem politischen Ideal handelt, wird Carlos zur eigentlichen Hauptgestalt: Das Geschehen beschreibt seinen Lernprozeß, die Liebe zu Elisabeth höheren Zielen unterzuordnen.

Auf diese Weise ist nach Schiller auch die Liebesgeschichte von Carlos und Elisabeth sowie die Freundschaft von Carlos und Posa der Hauptthematik untergeordnet: „Und was wäre also die sogenannte Einheit des Stücks, wenn es *Liebe* nicht sein soll und *Freundschaft* nie sein konnte? Von jener handeln die ersten drei Akte, von dieser die zwei übrigen, aber keine von beiden beschäftigt das Ganze. Die Freundschaft opfert sich auf, und die Liebe wird aufgeopfert; aber weder diese noch jene ist es, der dieses Opfer gebracht wird“ (Achter Brief über *Don Carlos*).

Aber auch die ausführliche Darstellung Philipps erfüllt nach Schiller ihren dramaturgischen Zweck: „Da aber mein eigentlicher Vorwurf war, den künftigen *Schöpfer des Menschenglücks* aus dem Stücke gleichsam *hervorgehen* zu lassen, so war es sehr an seinem Orte, den *Schöpfer des Elends* neben ihm aufzuführen und durch ein vollständiges Gemälde des Despotismus sein reizendes Gegenteil desto mehr zu erheben“ (Neunter Brief über *Don Carlos*).

Schillers Ausführungen hinterlassen allerdings den Eindruck, daß er nachträglich eine Einheit konstruiert, die er in dieser

Form nie intendiert hat. Sieht man mit dem Autor das eigentlich einende Thema im Konflikt von Leidenschaft und politischem Ideal, wird z. B. Posas wichtige Stellung im Handlungsverlauf unverständlich. Auch die Breite des Vater-Sohn-Konflikts, der Beziehung von Posa und Philipp sowie der persönlichen Problematik Philipps erscheint dann wenig plausibel.

In der heutigen Fachliteratur wird Schillers Begründungsversuch mit dem im Grunde richtigen Einwand, er laufe „auf eine Vereinseitigung des Dramas hinaus" (Koopmann 1979, S. 104), abgelehnt. Doch in ihren eigenen Interpretationen gehen die einzelnen Autoren in gleicher Weise vor: Ein Aspekt des Dramas wird herausgegriffen und zum übergreifenden Thema erklärt. Da im *Don Carlos* eine Reihe von Themen enthalten sind, mußte es so zwangsläufig zu einer Fülle unterschiedlicher Interpretationen kommen.

Nach unserer Auffassung sind solche Interpretationsstreitigkeiten müßig. Statt der ständigen Versuche, eine Einheit des Stücks zu konstruieren, erscheint es angesichts der Vielzahl an ergebnislosen Interpretationsversuchen plausibler, von einer fehlenden Einheit des Stücks auszugehen. Der *Don Carlos* ist ein Werk der Übergangszeit und hat als solches zwangsläufig Mängel in der inneren Reife und Geschlossenheit. Dalberg hat bereits kurz nach Erscheinen des Stücks auf die „verfehlte Einheit" und die „Unverständlichkeit des Plans" (vgl. Schiller an Körner, 25. April 1788) hingewiesen. Im Grunde hat er – trotz aller Interpretationsansätze der Germanistik – bis heute recht behalten.

Methodisch-didaktische Überlegungen

In dieser Stunde wird zum Abschluß der Unterrichtsreihe der Frage nachgegangen, was denn nun eigentlich *das* Thema dieses Stücks ist. Schon eine erste Diskussion zeigt, daß der *Don Carlos* verschiedene Themen enthält. Die Beschäftigung mit der Entstehungsgeschichte des Werks (M 18) läßt schließlich erkennbar werden, daß in der Endfassung verschiedene thematische Konzepte zusammengekommen sind (Phase 1).

Im zweiten Teil der Stunde wird untersucht, ob es im *Don Carlos* ein übergreifendes Thema, eine thematische Einheit gibt. Dazu wird aus der Fülle von Interpretationsmeinungen Schillers eigene Auffassung (M 19) exemplarisch herangezogen. Es zeigt sich, daß auch Schiller selbst keine überzeugenden Argumente für eine thematische Einheitlichkeit seines Stücks findet.

Als Ergebnis bleibt festzuhalten, daß im *Don Carlos* als einem Werk der Übergangszeit kein übergreifendes Thema zu finden ist. Vielmehr stehen verschiedene Themen gleichwertig nebeneinander (Phase 2).

Unterrichtsverlauf

Vorphase:
Besprechung der Hausaufgabe

Als Antwort auf die gestellte Frage ergibt sich: Der *Don Carlos* läßt sich in keine Epoche eindeutig einordnen. Mit Carlos, einer typischen Figur des Sturm und Drang, und Elisabeth, die nach den Prinzipien der klassischen Ästhetik gezeichnet wurde, enthält er Elemente zweier Epochen. Somit ist der *Don Carlos* als Werk der Übergangszeit zu charakterisieren.

Phase 1:
Die Entstehungsgeschichte des Don Carlos

Im ersten Teil der Stunde werden die Schüler bei der Frage nach dem Thema

M 18

Die Entstehungsgeschichte des *Don Carlos*

Schillers „Don Carlos“ ist über einen Zeitraum von vier Jahren (1783–1787) entstanden. Während dieser vergleichsweise langen Entstehungszeit machte die Gesamtkonzeption folgende Wandlungen durch:

1784

Carlos würde nichts weniger sein, als ein politisches Stük – sondern eigentlich ein Familiengemälde in einem fürstlichen Hauße, und die schrekliche Situazion eines Vaters, der mit seinem eigenen Sohn so unglüklich eifert, die schreklichere Situazion eines Sohns, der bei allen Ansprüchen auf das gröste Königreich der Welt ohne Hoffnung liebt, und endlich aufgeopfert wird, müßte denke ich, höchst interessant ausfallen.
(Schiller an Dalberg, 7. Juni 1784)

1785

Die Geschichte des unglücklichen Dom Karlos und seiner Stiefmutter, der Königin, ist von den interessantesten, die ich kenne, aber ich zweifle sehr, ob sie so rührend als erschütternd ist. (...) Eine Leidenschaft, wie die Liebe des Prinzen, deren leiseste Äußerung Verbrechen ist, (...) kann mich schaudern, aber schwerlich weinen machen. (...) Wenn dieses Trauerspiel schmelzen soll, so muß es – wie mich deucht – durch die Situation und den Charakter König Philipps geschehen. Auf der Wendung, die man diesem gibt, ruht vielleicht das ganze Gewicht der Tragödie. (Vorrede zum Abdruck des 1. Aktes in der *Rheinischen Thalia*)

1788

Während der Zeit nämlich, daß ich es ausarbeitete, welches mancher Unterbrechungen wegen eine ziemlich lange Zeit war, hat sich – in mir selbst vieles verändert. (...) Neue Ideen, die indes bei mir aufkamen, verdrängten die frühern; Carlos selbst war in meiner Gunst gefallen, vielleicht aus keinem andern Grund, als weil ich ihm in Jahren zu weit vorausgesprungen war, und aus der entgegengesetzten Ursache hatte Marquis Posa seinen Platz eingenommen.
(Erster Brief über *Don Carlos*)

Arbeitshinweise:
- *Welche Thematik steht jeweils während der einzelnen Entstehungsphasen im Vordergrund?*
- *Sind die einzelnen Themenbereiche in die Endfassung eingegangen?*

des *Don Carlos* mit der Entstehungsgeschichte des Werkes und den damit verbundenen Wandlungen in der Gesamtkonzeption bekannt gemacht.
Zu Beginn sollen die Schüler versuchen, jemandem, der das Stück nicht kennt, kurz zu sagen, worum es im *Don Carlos* eigentlich geht. Die Beiträge zu dieser Frage nach dem Thema des Stücks sollten lediglich gesammelt und einander gegenübergestellt werden (z. B. „Im *Don Carlos* geht es um den Freiheitskampf der Niederlande" oder „Thema des Stücks ist unglückliche Liebe"). Festzuhalten ist, daß es im *Don Carlos* mehrere Themen gibt. Die Frage, wie es zu dieser Themenvielfalt kommt, leitet zur Beschäftigung mit der Entstehungsgeschichte des Werks über.
Das Arbeitsblatt M 18 (Die Entstehungsgeschichte des *Don Carlos*) macht Schillcrs wechselnde Interessen gegenüber dem Stoff des *Don Carlos* deutlich. Somit zeigt sich, daß die Vielfalt der Themen des Stücks Ausdruck seiner Entstehungsgeschichte ist.

Die Schüler lesen M 18 und beantworten in Einzelarbeit die beigefügten Arbeitshinweise. Sie müßten erkennen:

- Zu Beginn steht die Familienproblematik im Vordergrund. Schillers Interesse verlagert sich dann auf die menschliche Problematik Philipps. Am Ende wird die Gestalt Posas und damit die politische Thematik vorherrschend.
- Alle drei Themenbereiche sind in die Endfassung eingegangen: Die Familienproblematik in die Liebesgeschichte von Carlos und Elisabeth, vor allem aber in den Vater-Sohn-Konflikt; Philipps menschliche Problematik in seine königliche Einsamkeit sowie seine Beziehung zu Posa; die politische Thematik in die Gestalt Posas, in seine politischen Ziele und Utopien.

Phase 2:
Die Frage nach der Einheit des Stücks

Nachdem deutlich wurde, daß und warum es in der Endfassung des *Don Carlos* mehrere thematische Motive gibt, ist zu klären, was das Hauptthema des Stücks sein könnte: Wenn die Schüler sich bei ihrer Diskussion sehr früh auf eine bestimmte Thematik einigen, kann der Lehrer den *advocatus diaboli* spielen und sie jeweils fragen, inwiefern die anderen Themenbereiche dieser Hauptthematik untergordnet sind.
Da es auf diese Weise nicht gelingt, die thematische Einheit des Stücks zu begründen, dürften die Schüler nun auf Schillers eigene Auffassung gespannt sein. M 19, das Schillers Begründungsversuch enthält, wird gemeinsam gelesen und schrittweise besprochen. Zur Kontrolle des Textverständnisses geben die Schüler als erstes Schillers Auffassung mit eigenen Worten anhand der beigefügten Arbeitshinweise wieder:

a) Die Hauptgestalt des Stücks ist Carlos.
b) Die Einheit des Stücks besteht im Konflikt von Leidenschaft und dem „enthusiastischen Entwurf", also dem Konflikt von Carlos' Liebe zu Elisabeth und den politischen Idealen Posas.
c) Die Liebesgeschichte von Carlos und Elisabeth wird untergeordnet, indem sie Prüfstein für Carlos ist; die Freundschaft von Carlos und Posas, indem sie den politischen Idealen aufgeopfert wird. Philipp hat die dramaturgische Funktion, Gegenbild zu Carlos zu sein.

Als nächstes ist im Unterrichtsgespräch zu prüfen, ob Schillers Auffassung überzeugend wirkt. Anzusprechen wäre: Die wichtige Rolle Posas wirkt im Hinblick auf die thematische Einheit unverständlich. Plausibel wäre noch, wenn Posa nur

M 19

Schiller zur thematischen Einheit des Stücks

Und was wäre also die sogenannte Einheit des Stückes, wenn es *Liebe* nicht sein soll und *Freundschaft* nie sein konnte? Von jener handeln die drei ersten Akte, von dieser die zwei übrigen, aber keine von beiden beschäftigt das Ganze. Die Freundschaft opfert sich auf, und die Liebe wird aufgeopfert; aber weder diese noch jene ist es, der dieses Opfer von der andern gebracht wird. Also muß noch etwas Drittes vorhanden sein, das verschieden ist von Freundschaft und Liebe, für welches beide gewirkt haben und welchem beide aufgeopfert worden – und wenn das Stück eine Einheit hat, wo anders als in diesem Dritten könnte sie liegen? [...]
Unter beiden Freunden bildet sich also ein *enthusiastischer Entwurf, den glücklichsten Zustand hervorzubringen, der der menschlichen Gesellschaft erreichbar ist, und von diesem enthusiastischen Entwurfe, wie er nämlich in Konflikt mit der Leidenschaft erscheint,* handelt das gegenwärtige Drama. Die Rede war also davon, einen *Fürsten* aufzustellen, der das höchste mögliche Ideal bürgerlicher Glückseligkeit für sein Zeitalter wirklich machen sollte. [...]
Der Jüngling nämlich, zu dem wir uns dieser außerordentlichen Wirkung versehen sollen, mußte zuvor Begierden übermeistert haben, die einem solchen Unternehmen gefährlich werden können; gleich jenem Römer mußte er seine Hand über Flammen halten, um uns zu überführen, daß er Manns genug sei, über den Schmerz zu siegen; er mußte durch das Feuer einer fürchterlichen Prüfung gehen und in diesem Feuer sich bewähren. [...]
Und welche Leidenschaft konnte mir diese Wirkung in größerem Maße leisten als die mächtigste von allen, *die Liebe?* [...]
Da aber mein eigentlicher Vorwurf war, den künftigen *Schöpfer des Menschenglücks* aus dem Stücke gleichsam *hervorgehen* zu lassen, so war es sehr an seinem Orte, den *Schöpfer des Elends* neben ihm aufzuführen und durch ein vollständiges schauderhaftes Gemälde des Despotismus sein reizendes Gegenteil desto mehr zu erheben. [...]
Und nun, lieber Freund, übersehen Sie das Stück aus diesem neuen Standort noch einmal. Was Sie für *Überladung* gehalten, wird es jetzt vielleicht weniger sein; in der *Einheit,* worüber wir uns jetzt verständigt haben, werden sich alle einzelnen Bestandteile desselben auflösen lassen. Ich könnte den angefangenen Faden noch weiter fortführen, aber es sei mir genug, Ihnen durch einige Winke angedeutet zu haben, worüber in dem Stücke selbst die beste Auskunft enthalten ist.
(Achter und neunter Brief über *Don Carlos*)

Arbeitshinweise:
- *Beschreiben Sie Schillers Auffassung mit eigenen Worten:*
  a) Wer ist die Hauptgestalt?
  b) Worin besteht die thematische Einheit des Stücks?

c) Wie lassen sich die anderen Themenbereiche einordnen?
– Wirkt Schillers Begründungsversuch überzeugend? (Welche Hauptgestalt und welche Themen lassen sich nur schwer oder überhaupt nicht einordnen?)

die politischen Vorstellungen äußern würde, zu denen sich Carlos emporhebt, und als eine Art Freund agierte: Er hätte dann die Funktion der Erzieherrolle. Doch Posa ist eine eigenständige Gestalt, die ab dem 3. Akt im Mittelpunkt des Geschehens steht und fast ausschließlich den Handlungsablauf bestimmt.
Die Darstellung Philipps wirkt zu ausführlich. Es ist nicht einsichtig, warum Schiller auch die persönliche Katastrophe Philipps in das Stück einbezieht, erfüllt Philipp doch nur die dramaturgische Funktion, „Schöpfer des Elends“ zu sein.
Der Vater-Sohn-Konflikt läßt sich überhaupt nicht einordnen. Zu der von Schiller unterstellten einheitlichen Thematik hat er im Grunde keinerlei Bezug.
Schillers *Don Carlos* fehlt also die Einheit, und zum Abschluß der Unterrichtsreihe sollte im Unterrichtsgespräch oder im Lehrervortrag ein Fazit festgehalten werden: Während der Entstehung des *Don Carlos* machte Schillers Denken einen Umbruch durch. Aus dem Dichter des Sturm und Drang beginnt der Dichter der Klassik zu werden. Diese Umbruchsphase hat sich im Werk niedergeschlagen. Unklar sind noch die Bedingungen des Tragischen, das Werk enthält Elemente beider Epochen, und ihm fehlt vor allem die thematische Einheit. So läßt sich der *Don Carlos* als ein Werk der Übergangszeit bestimmen, dem im Vergleich mit Schillers späteren Werken die innere Reife und Geschlossenheit fehlt.

Stundenziele

Die Schüler sollen
- mit der Entstehungsgeschichte des *Don Carlos* bekannt gemacht werden,
- dabei erkennen, daß Themen verschiedener Entstehungsphasen in die Endfassung eingegangen sind,
- die Frage nach dem einheitlichen Thema des Stücks diskutieren,
- feststellen, daß der *Don Carlos* kein übergreifendes, einheitliches Thema besitzt, sondern verschiedene gleichwertige.

Vorschläge zur Leistungskontrolle

Aufgabe 1:

Materialien: M 1 (III/5)
M 2 (III/9)

- *Zeigen Sie, mit welchen unterschiedlichen Erwartungen Philipp und Posa in ihr Gespräch (III/10) gehen!*
- *Wie ist es zu erklären, daß Philipp Posa am Ende des Gesprächs dennoch zu seinem Vertrauten macht?*

Aufgabe 2:

Materialien: M (I/5)

- *Zeigen Sie ausgehend von M, daß Carlos eine Gestalt des Sturm und Drang, Elisabeth eine Gestalt der Klassik ist!*
- *Ziehen Sie zu Ihrer Begründung auch andere Textstellen heran!*

Aufgabe 3:

Materialien: M (III/10)

- *Erläutern Sie den politischen Gehalt einzelner Äußerungen Posas!*
- *Inwiefern vertritt Posa damit aufklärerisches Denken?*
- *Charakterisieren Sie den Aufklärer Posa (Welche Ziele vertritt er? Wie geht er vor?)*

Aufgabe 4:

Materialien: M (II/2)

- *Ordnen Sie die Szene in den Handlungsablauf ein!*
- *Interpretieren Sie die Szene unter folgenden Gesichtspunkten:*
  - *Was will Carlos von Philipp?*
  - *Wie geht er vor?*
  - *Wie reagiert Philipp?*
- *Beschreiben Sie wichtige Stationen in der weiteren Entwicklung der Vater-Sohn-Beziehung!*

Aufgabe 5:

„Die politischen Ideale Marquis Posas bergen in sich den Keim zum Despotismus, zu verbrecherischer Willkür und brutaler Knechtschaft“ (R. Ibel)

- *Erörtern Sie, ob diese Einschätzung zutrifft! Begründen Sie Ihre Ansicht am Text!*

Aufgabe 6:

In einer zeitgenössischen Rezension des *Don Carlos* wird Posa geschildert als „ein Ideal von Freund, wie noch wenig auf der Bühne erschienen sind.“

- *Trifft diese Auffassung Ihrer Ansicht nach zu?*

Aufgabe 7:

Materialien: M 1 (Benno von Wiese: Der Widerspruch zwischen Mensch und König, Klett-Ausgabe des *Don Carlos,* S. 234f.)
M 2 (Friedrich Schiller, Der tragische Mensch. Text abgedruckt auf Arbeitsblatt M 11)

- *Wie begründet von Wiese seine Ansicht vom tragischen Charakter Philipps?*
- *Zeigen Sie, ausgehend von M 2 Schillers Auffassung von einem tragischen Charakter!*
- *Überprüfen sie von Wieses Behauptung von der Tragik Philipps mit Schillers eigenem Maßstab.*

Aufgabe 8:

In einer modernen Inszenierung aus dem Jahre 1985 tritt Carlos in einer bonbonbunten Strumpfhosen-Kombination auf. Er spricht mit knallrot geschminkten Lippen. Auf seinen und auf Posas Wangen leuchten rotglühende Schmink- und Erregungsflecke. Die Gespräche laufen mit rollenden Augen und heftigen Bewegungen ab.

- *Erörtern Sie, ob eine solche Gestaltung von Carlos und Posa gerechtfertigt ist.*

Auswahlbibliographie

Becker-Centarino (1975) Bärbel Becker-Centarino, Die „Schwarze Legende". Ideal und Ideologie in Schillers „Don Carlos", in: Jahrbuch des Freien Deutschen Hochstifts, Tübingen 1975, S. 153–173

Böckmann (1955) Paul Böckmann, Politik und Dichtung im Werk Friedrich Schillers. Festvortrag, gehalten bei der Schillerfeier der Universität Heidelberg am 9. Mai 1955, Heidelberg 1955

Böckmann (1974) Paul Böckmann, Schillers Don Karlos. Edition der ursprünglichen Fassung, Stuttgart 1974

Böckmann, (1982) Paul Böckmann, Strukturprobleme in Schillers „Don Karlos", Heidelberg 1982

Bohnen (1980) Klaus Bohnen, Politik im Drama. Anmerkungen zu Schillers „Don Carlos", in: Jahrbuch der deutschen Schillergesellschaft 24 (1980), S. 15–31

Fritsch (1974) Gerolt Fritsch, Schillers „Don Carlos" – Familientragödie oder Staatsdrama? Eine literatursoziologisch orientierte Unterrichtsreihe, in: Projekt Deutschunterricht 7, Stuttgart 1974, S. 68–124

Gerhard (1950) Melitta Gerhard, Schiller, Bern 1950

Ibel (1976) Rudolf Ibel, Schillers „Don Carlos", Frankfurt 1976

Jöns (1977) Dietrich Jöns, Das Problem der Macht in Schillers Dramen, in: Karl Otto Conrady (Hrsg.), Deutsche Literatur zur Zeit der Klassik, Stuttgart 1977

Koopmann (1977) Helmut Koopmann, Friedrich Schiller, Band 1, Stuttgart 1977

Koopmann (1979) Helmut Koopmann, Don Karlos, in: Walter Hinderer (Hrsg.), Schillers Dramen. Neue Interpretationen, Stuttgart 1979, S. 87–108

Koopmann (1982) Helmut Koopmann, Schiller Forschung 1970–1980. Ein Bericht, in: Deutsches Literaturarchiv, Verzeichnisse, Berichte, Informationen, Bd. 12, Marbach 1982, (Don Carlos S. 81–94)

Müller (1959) Joachim Müller, Das Edle in der Freiheit. Schillerstudien, Leipzig 1959

Neis (1981)	Edgar Neis, Erläuterungen zu Friedrich Schillers „Don Carlos“, Hollfeld 1981
Pörnbacher (1982)	Karl Pörnbacher, Friedrich Schillers Don Carlos – Erläuterungen und Dokumente, Stuttgart 1982
Rischbieter (1969)	Henning Rischbieter, Friedrich Schiller, Bd. 1, Velber bei Hannover 1969
Scholz (1982)	Ingeborg Scholz, Friedrich Schillers Don Carlos. Interpretationen und Anregungen zur Unterrichtsgestaltung, Hollfeld 1982
Storz (1959)	Gerhard Storz, Der Dichter Friedrich Schiller, Stuttgart 1959
Ueding (1971)	Gert Ueding, Schillers Rhetorik. Idealistische Wirkungsästhetik und rhetorische Tradition, Tübingen 1971
Ulshöfer (1974)	Robert Ulshöfer, „Don Carlos“ auf der Oberstufe, in: Der Deutschunterricht 1947, Heft 1, S. 74–94
Wertheim (1958)	Ursula Wertheim, Schillers „Fiesko“ und „Don Carlos“. Zu Problemen des historischen Stoffes, Weimar 1958
von Wiese (1955)	Benno von Wiese, Die deutsche Tragödie von Lessing bis Hebbel, Hamburg 1955
von Wiese (1978)	Benno von Wiese, Friedrich Schiller, Stuttgart 1978